易经中的蓍草

许云超 著

作家出版社

序

如果论华夏文化与世界各国文化有何差异，很多人会直接反应，中国历史悠久，有子、孟学说，有四大发明（造纸、印刷、火药、罗盘）；其实，西方的埃及古王朝，中东巴比伦，南美印加亦当仁不让。真正能展现华夏特色的，与世界其他文明有具体差异的就是"阴阳五行"观念。阴阳源自《易经》，日月为易，易即日与夜，寒暑往来，雌雄互用，天地之分，正反之用。五行始载《尚书·洪范》五行传，"水曰润下，火曰炎上，木曰曲直，金曰从革，土爰稼穑"，相生又相克，而五行本乎阴阳，天干地支亦衍于阴阳五行。周而复始，相互推演，成为一套特殊的智慧，用之而天下安，逆之而天下乱。

易之道在通天地，理阴阳，测鬼神，智人事。《易经》云其作于中古，其作者为周文王，易之作乃有忧乎！易于人，当明于居安思危，未雨绸缪，殷夏启圣，圣者达其道，则可不忧不惧不惑。天道相依伏，地道有生灭，人道有始终，吉中藏凶，凶中蕴吉，福中防祸，祸中求福，透其玄机，夫复何忧何喜，身心自在。

易有道，亦有术，其道在孔子十翼，即象辞上下传，其术在邵雍说卦。术之用并不止于占卜，上古以来，易术通医术之经络学、方剂学；通堪舆之玄空装卦，三元玄空理气，三合水局；通邵雍的梅花易数占卜，应用包罗万象。

易本来就是生活之资材，伏羲作八卦，亦先透彻乾为天，坤为地，兑为泽，震为雷，巽为风，艮为山，坎为水，离为火之天地万物化育。文王为之立方位，坎北，离南，震东，兑西，乾西北，坤西南，巽东南，艮东北；序人伦，乾父，震坎艮为男，坤母，巽离兑为女。周公旦为之顺爻辞，解卦吉凶遗憾。到了五代华山道士陈抟传付太极图于周敦颐，朱熹并配认太极六十四卦而为今所传《易传》。早在西汉时夏侯胜、夏侯始昌、京房、翼奉等名家即善用河洛数推吉凶未来，颇为应验，为君王所敬重，役使鬼神，明之刘基亦精此术，佐明太祖成大业。易道或易数，大可安邦辅国，小可安军康泰，于人则趋吉避凶，安贫乐道，知所进退。

我很庆幸，去年八月访汤阴羑里故地，缅怀易之发源地，生平第一次见到蓍草，目睹许云超女士风采，学习了古圣人的三千年前点滴，了解蓍草栽之不易，草性通天地之玄机，加深了易理易数之身体力行。今恭逢许女士卓著《易经中的蓍草》，拜读之后，更觉值得推介，此书深入浅出，叙述了然，此书对易之用法，易之源起，蓍草与易之互动，明白又确切之介绍，深浅得宜，老少咸通之书，特为之序。

《易经中的蓍草》一书使《周易》摆脱了单纯卜筮的功能，将易卦六十四卦中三百八十四爻的奥义，用浅简易学的人生哲理阐释，深入探究天地关系，宇宙阴阳哲理，引述文王、孔子的易道底蕴，传播中华文化根性。

作者许云超女士，为现任羑里周易博物馆副馆长，亦为诗文名家，深富文化气质，诗词才女，又对易学有深入研究，其《易经中的蓍草》有学理，有文化根源，又有人生哲理及生活趣味，是为修学、品趣玩味的好书，故为之荐。

吴彰裕："中央警察大学"行政管理系副教授

目录

引 言

人生一世，草生一秋。人为情生，草为春绿。

文人造句，将人喻为草木，比喻人生如同草木的一生，来如风雨，去似微尘。人类借助了草木的某些特性，来形容人生的荣辱与兴衰，揭示人生难以明言的复杂的体验。如此说来，草木也是有思想灵魂温度和语言的生命个体，那么，一些古老的、珍稀的草木也难保不被赋予过多的寄托和奢望，成为仙草、圣草，布满诸神的力道，广施众生。

河南汤阴羑里城景区内有一片蓍草园，相传是神赐的圣草，是周文王被囚羑里时推演六十四卦用的卦具，距今已有三千年的历史。

蓍，读 shī，上部为草，下部为曰，中间一个老者的老。老者以草为道具以道万物之吉凶，可见造字之时蓍草就已具备了神奇的属性。

蓍，属菊科，多年生草本，不死而神，故而能数往知来，先知先觉。茎直立，开白花，锯齿形的叶子，像是一丛鸟类的羽毛，也像是某种多足纲的虫子。全草具有解毒消肿、止血、止痛的功能。

蓍草除了可以用药，可以用来占卜，据说还有驱鬼辟邪的作用，旧时人们走夜路，会折一枝插在衣襟上。一株草所蕴藏的能量如此杂驳，浩瀚有力而富有传奇，自会令人珍惜和感念。

春天花开正旺时，整个蓍草园都弥漫着浓浓的药香味。蓍草的味道有点怪，它跟食物有相似的味道，像芫荽、像荆芥、像芹菜，但同时它又将所有味道都收纳其中，初闻亲切，以为可以食用，久闻惊恐，味道浓烈，让人头晕目眩，顿时心生畏惧。

秋冬季节，凉风至，白露降，蓍草的茎干枯变硬，可以采割制作成蓍策。孔子说："退藏于密""知来藏往"，卜官把蓍草收藏于皮制匣子里，秘不示人，生怕走光。《论衡·卜筮篇》称"枯龟之骨""死蓍之茎"，被先民奉为洞察未来的神灵宝物。蓍草并没有死亡，割枯茎而后萌生新茎，秋枯春生，生命轮回，源于其根不死，具有生生不息的生命力。

文王被囚羑里七年，与蓍草相伴，与自然对话，把天文、地理、人间沧桑事态相互参照起来看待世界，揲蓍、观象、著写《周易》。我想这世上一切伟大作品的诞生，都如这千年蓍草，乃是以绝大的耐心，把每一滴时光中蕴涵的创造能量细细积攒起来，缓慢而坚实地形成。

三千年前文王演易时的景观如今都不存在了，但蓍草依然存在，《周易》依然存在，它们在时间中奔跑和接力，仿佛花朵，在风中传递着种子，并在不同的季节里，次第开放。

一、"易"的来历

《易经》亦称《周易》《文王易》，简称《易》。据史料记载，商代末年，纣王荒淫残暴，嗜杀成性，百姓苦不堪言。而与之相反的是，其诸侯国的首领姬昌（周文王）礼贤下士，深得人心，周国日益强大，引起了殷纣王的猜忌，于是，将西伯姬昌囚禁于当时的国家监狱羑里城（今河南省汤阴县境内）。姬昌被囚期间，发愤治学，潜心钻研，将伏羲八卦两两重合演绎为六十四卦，三百八十四爻，著成《易经》一书，后被列为五经之首。

"易"在古代曾有三种。《周礼·春官·大卜》载：一曰《连山》，二曰《归藏》，三曰《周易》。关于"周易"的解释，陆德明《经典释义》说：周，遍也，备也，又取周普。孔颖达说："周"字为朝代号，"周易"是周朝写成的《易经》；许慎《说文解字》："日月为易，象阴阳也。"《庄子》说：《易》以道阴阳。

《周易》的起源、形成和发展经历了一个漫长的历史过程。《汉书·艺文志》中记载："易道深矣，人更三圣，世历三古。"意思是说：《周易》这部书是由伏羲、周文王、孔子三位圣人，历经上古、中古和近古三个大的历史时期完成的。从伏羲始作八卦，以后经过炎帝、黄帝，又从夏商周三代，不断地演进，再到周文王在总结前人经验基础上推演六十四卦而成《周易》。其后，他的儿子周公又为三百八十四爻撰写了爻辞。到了春秋战国时期，孔子读《易》，把系竹简的皮绳都磨断了三次，史称"韦编三绝"。孔子还作了"彖（上传、下传）、象（上传、下传）、系辞（上传、下传）、文言、说卦、序卦、杂卦"十篇文章，从各个角度阐释《周易》，因此又称《十翼》，意蕴犹如经的羽翼。《十翼》是最早系统论述《易经》的专著，也称《周易大传》，所以，现在通行的《周易》分为"经"和"传"两部分。第一部分为"经"，即易的本身，含六十四卦、卦象、卦名、卦辞、爻辞。第二部分为"传"，是孔子对易的产生、原理、意义及易卦占法等作的全面、系统的说明，是研究《周易》的必要阶梯，已经成为《周易》的一个不可分割的组成部分。从此，《周易》脱离了占卜的外壳，成为一部哲学典籍，居庙堂之高，成为士大夫们的精神圭臬。

《周易》上承伏羲之传，下启周孔之思，历经数千年之沧桑，已升华凝聚成中华民族智慧的结晶、中华文化的奠基石，对中国几千年来的政治、经济、文化等各个领域都产生了深远的影响，是历代帝王、政治家、军事家的必修之术，自古就有"不明易者，不得为相"之说。

二、"卦"的构成

构成六十四卦的基本符号只有阳爻"▬▬"和阴爻"▬ ▬"，这两个符号，一方面是对画卦符号的简化，另一方面又是把具体数字抽象为"奇、偶"两个概念之后的产物。这两个符号不但能代表宇宙万物，而且在中国思想史上，第一次提出了把宇宙万物分为既对立又统一的两大类别，是最早的辩证法思想的形象化表述。

《周易》用最简捷的形式，概括了极其博大以至无穷的内容，在这一方面也是后世任何学说都无法比拟的。

《周易》中说："易有太极，是生两仪；两仪生四象，四象生八卦。"

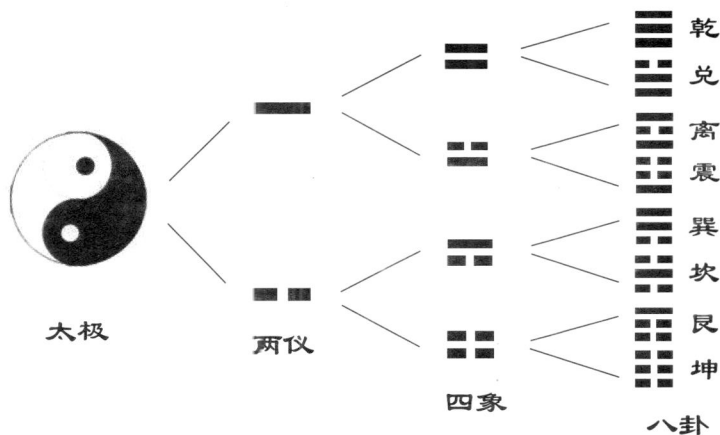

太极　　　两仪　　　　　四象　　　　八卦

八卦相重而成六十四卦。古人演八卦时，还有一种象征意义。比如"天""龙"为《乾》之象征形象，揭示了"阳"元素之特性及其发展规律。《坤》为地、为川、为顺、为阴。《乾》创始万物，《坤》成形万物，"一阴一阳之谓道"。孤阳不生，孤阴不长，并没有主次之分，两者互相包容，互为转化。纯阴之时一阳生，纯阳之时一阴生，你中有我，我中有你，永远作为一个"整体"而存在。其他各卦是《乾》《坤》两卦的展开，是"阴"和"阳"在各发展阶段的"量化"，它既可以对应自然现象，也可以对应社会人事以及精神现象，由此使人做出相应的选择，所以我们在理解上不能拘泥于字面上的象征物。

八卦都有各种的表象，比如乾卦："乾为天，为圜，为君，为父，为玉，为金，为寒，为冰，为大赤，为良马，为老马，为瘠马，为驳马，为木果。"总之，凡是极健、极刚、极硬、极老之物，皆可归属于乾。

比如兑卦："为泽、为少女、为巫、为口舌、为毁折、为附决。其于地也，为刚卤。为妾，为羊。"

同样一个卦可以代表各类事和物，这不像西方哲学对某个事、物有相对确定的定义。

广泛的象征性正是《易经》每一卦每一爻的特点。具体的事象和物象只不过是暂时的借用，借用什么不重要，借用的根本目的还在于揭示事物的兴退之理。兴退之理是存在于每一事物中的共性，所以什么都可以借用，什么都可以象征。这是《易经》的难通之处，也是有趣之处。明白了这一点，就能知道对卦、爻的理解绝不能过于拘泥，否则就不能称其为"易"了。

为使读者阅读和运用时方便，特列表如下，以供查阅：

卦画	卦名	自然	季节	方位	动物	人	人体部位	属性	五行	气象	内脏	节气
八卦配属表												
☰	乾	天	秋冬间	西北	马	父	首	健	金	晴	肺	立冬
☷	坤	地	夏秋间	西南	牛	母	腹	顺	土	云	脾	立秋
☳	震	雷	春	东	龙	长男	足	动	木	雷	肝	春分
☴	巽	风	春夏间	东南	鸡	长女	股	入	木	风	胆	立夏
☵	坎	水	冬	北	豕	中男	耳	陷	水	雨	胆肾膀胱	冬
☲	离	火	夏	南	雉	中女	目	附	火	晴	心脏小肠	夏至
☶	艮	山	冬春间	东北	狗	少男	手	止	土	雾	胃	立春
☱	兑	泽	秋	西	羊	少女	口	悦	金	雨	大肠	秋分

卦有六爻，爻在卦中有两种功能。展示空间：上两爻代表天道，下两爻代表地道，中间两爻代表人道；展示时间：下两爻代表过去，中间两爻代表现在，上两爻代表未来，循环流变，即走向的多种可能性。六十四卦组成了一个变动不居的整体。

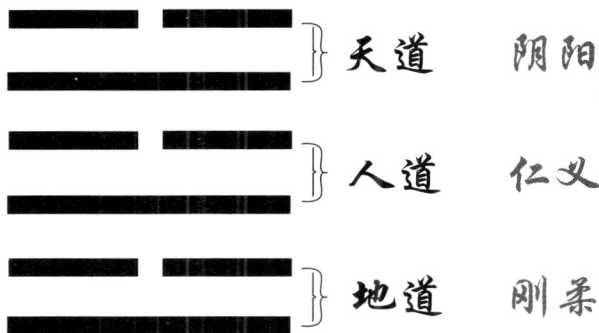

天道　阴阳

人道　仁义

地道　刚柔

最下一爻称为初爻，因为它所代表的是事物的初萌；二、三、

四、五爻，代表事物发展的经过；最上一爻称为上爻，代表事物的结局。六爻描述的是一个围绕主题的动态过程。

上爻——发展顶峰（盛极必反）

五爻——功成名就（居安思危）

四爻——上升阶段（审时度势）

三爻——小有所成（慎行防凶）

二爻——崭露头角（伺机而动）

初爻——初露端倪（潜藏待机）

六十四卦是一个理论模型，它借助卦的"象"来表述事物的类，借助卦的"爻"来解释类中事物发展的态势。在卦象形态的基础上，借助阴阳（引申为刚柔、强弱、成败）的转化，说明人世间万事万物的存在和转化的道理。

三、"易"的核心思想

《易》有三易，三易是根本，也是《易》的核心思想所在。

一、简易；二、变易；三、不易。

（一）简易

《易经》告诉我们，世间万物，有其事必有其理，大道至简，无论多复杂的事物，当我们了解了它的奥妙以后，就可以化繁为简，就会觉得其简单而又平易，这就叫"简易"。

构成易卦的基本符号只有"▬▬"和"▬ ▬"，就像今天计算机中的脉冲二进位"01"，科学家用"0""1"两个符号，演变出无穷的信息数据。这正是愈是简易愈有变化的功能，愈是复杂的变化，其法则愈是简易。

（二）变易

《易经》告诉我们，世间万物，没有一样是不变的，天地之间唯一不变的就是变化，这就叫"变易"。

（三）不易

《易经》告诉我们，世间万事万物，都无时无刻不在变化，但有一样东西是不变的，那就是事物变化背后的基本原理是永恒不变的，"万变不离其宗"的那些"不能改变的事"，就是不易。哲学家叫它"本质""规律"；道家谓之"大道""天道"；科学家名曰"功能"。

乾坤之道是《周易》阴阳哲学的核心，万事万物都分阴阳，阳中有阴，阴中有阳，既相互存在，又相互对立，而且在特定情况下可以相互转换。比如：一个人的成就到达最高峰时，进无可进，必将走向衰弱，开始走下坡路。一个人穷困到了极点时也会朝着相反的方向转化，穷极思变，这是自然规律。"穷则变，变则通，通则久。"说明了事、物的生存原理。

阴阳本于《易经》，五行出于八卦，都基于《河图》数理。五行思维认为万事万物生中有克，克中有生。比如木本生火，但如果火势太旺，那木必定会被燃烧成灰烬，这时候就不存在木了，而只有火。又比如木本克土，但如果土势不止，那木肯定会被埋没而不再有木，这时只能看到土了，这就是所谓的相生又相克。万事万物不只是一味地生或克，它们在特定的情况下会相互转换。《周易》强调整体概念，旨在描述事物的运动形式以及转化关系。阴阳是对立统一学说，五行是原始的系统论。

掌握了《周易》的核心思想，也就掌握了事物发展的道理，并把这种认知运用于日常生活中，以万物为参照，可洞观一己之不足，以平和乐观的心态来面对风云莫测的人生。

四、卜

　　卜和筮是中国历史产生最早的两种术数活动，在中国术数学中占有最为重要的位置。后来卜筮成了一个合成词，成为一切占卜活动的代表。

　　现在我们能够看到的，记载中国最早的卜的资料，是商周时期刻有卜辞或占卜符号的甲骨。安阳殷墟出土的商代甲骨已经证明，术数在商代至少存在有两种形式，一是卜，一是筮。

　　卜是用龟甲或兽骨做卜骨，经过钻、凿等加工处理，然后放在火上灼。由专门掌管卜的太卜或卜师，根据灼后的龟甲或兽骨裂出的兆象，判断人事的吉凶。

　　筮是用蓍草或其他可数物为工具，按照一定的规程数，最后得出一组数字为卦，卜者根据此组数字组成的卦，来推测判断人事吉凶变化。

　　在商朝及商朝以前，人们从事的每一项重大活动，征伐、祭神、田猎等，事先都要经过占卜以决定是否进行，卜筮起着左右社会重大活动的作用。卜筮作为一种文化形态，已成为当时社会生活中不可缺少的一部分。

　　从殷代甲骨的考察和分析的结果可以看出，商朝的占卜，无论从龟甲的制取，灼兆的方法，占卜的内容以及卜仪的规模，都已达到了相当复杂的程度。根据一般事物的发展都是从简单到复杂的原理，我们可以推断，从我国最早开始的占卜活动，发展到商朝甲骨记载的那样复杂的程度，该是经历了多么漫长的时间，我们可以断定，我国古代的占卜活动，应起始于远古时期蒙昧的原始社会。

有一种说法认为，在原始社会的伏羲时代，就已经出现了《河图》和《洛书》。《河图》和《洛书》把原始游牧民族经过长期观测的天象，用原始的数字形式记载下来，为我国古老的术数学提供了"数"的依据。也就是在这个传说的时代，我们的祖先已经创造掌握了用天干和地支记日、记时。天干与地支配合成的六十甲子，及其有规律的周期性变化，是术数学框架中的一个有力支柱。

从安阳殷墟出土的甲骨和古代的文献记载，可以窥测到周以前乃至上古时代的卜法，也可以看出周朝初期的占卜方法、占卜内容、人员分工及仪式等。

在商周时代术数的两大类别中，卜高于筮。龟卜一般都是王或部族首领决定重大事项而用的，所谓"天子至尊，大事皆用卜也"。

由"━"和"━ ━"两种符号构成的八卦产生后，筮得到了充分的发展。最初记载八卦的书，就是我国文化史上的珍宝——《周易》。《周易》是用数字来占筮的，具备了逻辑思维，在卜筮中属于比较高级的一种。

大约与《周易》产生的同时，我国产生了阴阳五行学说，阴阳五行学说扩充了卜和筮的内容，为我国术数的发展奠定了牢固的基础。

可以说，我们先人用中国古代特有的文化形式——河图、洛书、天干、地支、八卦、阴阳、五行，加之人们对星宿、四季的认识，创建了中国术数这座神秘的殿堂。

春秋战国时期，术数除了卜和筮两大类别外，又出现了星占、占梦、太乙、六壬、遁甲等多种形式。其中，星占与古老的天文学有密切的关系。商周时代的星占属于卜的一项内容，后来由于观测天文学的资料越来越多，人们可以直接根据天象的变化预言生产生活的吉凶，不再借用卜来决疑了，于是，星占便成为一种独立的术数。

秦汉时期，由于秦"燔灭文章，以愚黔首"，"而易为筮卜之事，传者不绝"，术数得到了迅速发展。

西汉董仲舒提出"罢黜百家，独尊儒术"之后，儒家学派把《周易》的研究拉向了纯义理的方向，以占卜为宗旨的术数家们则走向了改变易卦筮法的道路。汉朝先后出现了《焦氏易林》《京房易》和《太玄经》三个术数派别。

这个时期，还出现了谶书、灵棋经等多种术数形式。

东汉以后，龟卜逐渐走向消亡。其原因说法不一。我们认为主要是龟甲得之不易，卜法又相当复杂，因此被方法较为简单的筮法所代替了。

清朝初期，在江浙等东南沿海地区间还有术士用龟甲占卜，但影响甚微，可以说作为术数活动的龟卜在我国已经绝迹了。

从汉到唐，筮法最大的改革是以钱代蓍。以钱代蓍，成卦简单方便，很快得到了推广。在此前，我国的卜筮所用的工具全部是带有"灵气"的自然物，如龟甲、蓍草等，而"钱"和"棋"是人类自己创造的"灵气"。自然产生的灵气，让位于人创造出的灵气，筮法也完成了以自然物作筮具到人造物作筮具的转变。这是研究中国文化思想史时不可忽视的现象。以钱代替蓍草最早起源于何时，现在不可考，但最迟不过唐初。

唐宋以后，术数的发展有两个方面比较显著：一是星命学，也称八字批命法，它是以人的出生年月日时的天干地支八字排成四柱，依据五行生克制化的理论，推断人的命运。这些术数借助了《周易》的占筮理论，但具体卜法并不是《周易》的方法，因为《周易》的蓍草占卜法已经失传。

二是签书，也就是抽签。这种活动起初多在庙宇里进行，和佛教的偈语有一定的关系，后来又演化为街头术士的黄雀抽签等形式。测字也是在此期间产生的。

中国术数源远流长，种类繁多。有的生命力很短，一闪即逝，有的随着典籍的亡佚而失传，有的则呈现出顽强的生命力。

中国术数典籍浩如烟海，中国术数学的包容量极其博大，涉及面极其广泛。在历史上，中国术数为天文学、气象学、数学、哲学、军事学、医学和历法等都曾产生过启示性和开拓性的作用。有的术数典籍本身同时也是中国古代天文学、数学或哲学的名著，它所包藏的对我们现代科学发展有启示、有裨益的东西都或多或少地存在，需要我们取其精华去其糟粕，加以研究和探索。

中国的术数学，惟其称为"术数"，原理依据是，人为自然界天地作用的产物，与宇宙万物一样，在天地间生存、运动，无一不受"数"的制约。古人认为，对这种"数"人们可以通过卜筮等手段，得到"神"的指点和启示，感知和认知它。神，当然是不存在的，术数里提到的神，是多元的、多种多样的，最终是为术者服务的，是对"数"迷惑不解的产物。那么，"数"是不是一个客观存在？"数"的存在形式是怎样的？是点？是线？是力？是波？是场？是联系？是规律？这是现代科学研究的一个课题，也是揭示中国术数学奥秘的中心问题。

五、筮

《周易》是我国迄今为止发现的第一部带有爻辞的卜筮书，是我国最早的卜筮专著，是中国思想和文化发展史上的一座神秘的宝库，它以象征（图形）和比喻（爻辞），为我们提供了一整套认识自然、认识社会、了解过去、预测未来的方法。

《周易》记载的八八六十四卦（一般称为易卦），是在商周的数字卦及画卦的基础上产生的。它综合了数字卦和画卦的基本特征，形成了自己的一套完整的、严密的体系。

构成易卦的数字有四个，《周易》中明确标明的是六和九，在筮中实际还使用着七和八。六七八九这四个数字，为易卦带来了无穷的变化。

筮是以蓍草为工具，通过揲蓍、画卦、观象、玩辞等一系列手段来实现预测未来的活动，易卦卜筮有着严格的操作程序，具有一定的准确性，而这种准确率绝不是凭主观臆测所能达到的。也就是说，易卦卜筮系统必须具有极其广泛的适用性才能满足复杂的预测需要。进而可以推断，易卦卜筮系统实际上抓住了足够众多的事物之间的共性，共性反映了本质的联系。

易卦卜筮能用一套系统，解释人们所能遇到的各种问题，这本身就颇具有哲学的意味。

孔子晚年爱上《周易》，手不释卷。孔子在《礼记》中也谈到了卜筮是"决嫌疑，定犹豫"。孔子自己也会卜筮，并且"百占而七十当"。这也反映了《周易》的预测在一定范围内是相当准确的。

孔子说："夫《易》刚者使知惧，柔者使知图，愚人为而不妄，渐人为而去诈。"这表明《周易》卜筮已经具有了提高个人修养的功能。这是在求决狐疑的基础上进一步的发展。

孔子又说："《易》，我后其祝卜矣！我观其德义耳也。幽赞而达乎数，明数而达乎德，又仁守者而义行之耳。赞而不达于数，则其为之巫。数而不达于德，则其为之史。史巫之筮，向之而未也，好之而非也。后世之士疑丘者，或以《易》乎！吾求其德而已，吾与史巫同途而殊归者也。君子德行焉求福，故祭祀而寡也；仁义焉求吉，故卜筮而希也。祝巫卜筮其后乎！"

这段话的意思大概如此：对于《易》，我是把筮卜看作是次要的，主要是探明卦象的德义。在孔子看来，"德义"，才是《周易》蕴含的精华和最深奥的道理。孔子对《周易》的见解与领悟，是个重大的文化突破。《周易》本是卜筮之书，卜筮的主要目的是为了预知未来和趋吉避凶。所谓"幽赞而达乎数"，幽指的是幽冥，得到看不见的力量的帮助。孔子认为，学易的人应该通过筮了解"数"的神妙义理，进而明了卦象的德义，心守于仁而行合于义。如果只会卜而不明了数的义理，那就成了巫；而通晓数的义理却又不明了数的德义，那也只不过是史。史巫的筮占术，我虽向往它却没有去追求。后世的人如果要怀疑我孔丘，可能就是在《易》的问题上。不过，我只是探索卦象的德义，我与史巫是"同途殊归"（我们虽然都讲筮占，但我讲的是筮占的德义，而史巫讲的是筮占的吉凶）。孔子认为"德义"是"君子"人生幸福的根本保障，一旦意识到人的命运和幸福依赖于仁义道德实践，命运在很大程度上便掌握在了自己的手里，因此，"祝巫卜筮其后乎"，卜筮预测吉凶的重要性就相应减少了。"知易者不占，善易者不卜"，通晓了《周易》之学，掌握了《周易》规律，无须占卜也能未卜先知。

孔子对于《周易》的态度虽是重德义，轻卜筮，但也明确提出了德义为本，卜筮为文的观点，认为"皮之不存，毛将焉附。"这对我们学习《周易》同样有借鉴作用。

站在文王《易经》的角度，孔子的《易传》是使用说明书；站在《易传》的角度，《易经》是《易传》哲学思想的载体，卜筮是《周易》哲学思想的具体应用。所以，我们应将德义为质，卜筮为文，两者统一来了解。

六、蓍草

蓍草是菊科草本植物，高三尺，茎刚直，开白花，深秋枯槁，逢春又生，生长千年不衰，是草本植物中生长时间最长的一种草。"物老为妖，人老成精"，古人视之为神物，因此用蓍草占卜非常灵验。

《万行经》记载：蓍生地于涸殒一千岁，一百岁方生四十九茎，足承天地数。五百岁形渐干实，七百岁无枝叶，九百岁色紫如铁，一千岁尚有紫气，下有神龟伏于下。《轩辕木经》记载：紫蓍之下，五龙十朋伏隐。天生灵，圣人采之，而用四十有九，运天地之数，万源由也。

意思是说，蓍草寿命一千岁，一百年才长四十九片叶子，古代四十九为天地之数。千年的蓍草上有紫气缭绕，下有神龟守护。天生灵物，圣人取用四十九根，运天地之数，可知万源之由。

《尚书》记载："天生神物，取为民用。"在等级森严的古代社会，占卜用的蓍草是按照人所处的社会地位来使用的。天子为最高一级，要用长高到九尺的蓍草，依次等而下之，老百姓是最低层，只能用长高三尺的蓍草。

蓍草非常稀有，目前全国只有三处，一处是河南淮阳伏羲庙，一处是河南汤阴文王庙，还有一处是山东曲阜孔庙，人更三圣，世历三古，《周易》的形成恰恰经历了这三位圣人。

相传，最早用蓍草作为占卜工具的人是周文王，周文王被殷纣王囚禁在商的国家监狱羑里城七年，被囚期间，文王以蓍草为卦具观天地之感应，推演人事吉凶变化，将蓍草与六十四卦相结合，确立了占筮的理论．并将其系统化，完成了《周易》这部千古不朽的著作。汤阴羑里城的蓍草是文王当年推演《周易》所用的卦具，为千岁之草，非常稀有，现存两千余棵。奇怪的是，蓍草只在羑里城演易台前生长，移栽则不活。

七、揲蓍法

古代把易卦的成卦过程叫揲蓍，就是用手数蓍草，以其所数的结果画出卦来。

《周易》中没有记录易卦的成卦法，孔子在《易传》中也没有详细说明。易卦占卜法已经失传，后来人们所用的揲蓍成卦法，依据出自《易传·系辞传》中的《大衍之数》：

"大衍之数五十，其用四十有九；分而为二以象两，挂一以象三，揲之以四以象四时，归奇于扐以象闰，五岁再闰，故再扐而后挂。"是故，四营而成易，十有八变而成卦，八卦而小成。引而伸之，触类而长之，天下之能事毕矣。

根据史料记载，这个揲蓍法是在两汉中期记述下来的，是否是周初易卦的成卦法，尚不能定论，但这种揲蓍的结果，确能得出"六七八九"四个数字，完全可以画出易卦的全部卦象，因此，现在易卦占卜多采用这种揲蓍法。

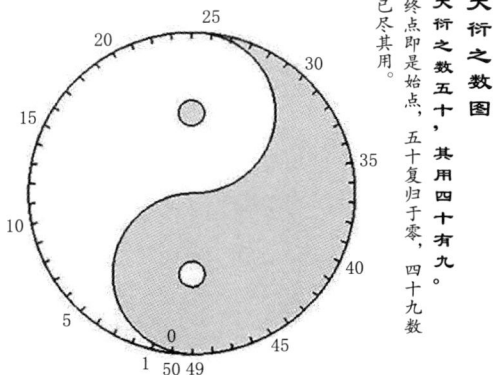

大衍之数图

大衍之数五十，其用四十有九。五十复归于零，四十九数终点即是始点，已尽其用。

天地之数为阴阳之数、奇偶之数。天数等于1、3、5、7、9的相加数，地数等于2、4、6、8、10的相加数，所以，天数是25，地数是30，舍去尾数不用，而用整数50，则为大衍之数。

为什么把50作为大衍之数呢？因为一阴一阳之谓道，所谓孤阳不生，孤阴不长，阴阳相合，圆满了就是道。《河图》与《洛书》的总数加起来是100，是个盈数。100个数里面，50个阳数，另外50个是阴数。阴阳之数，两两相合，组成了50个阴阳数，就是大衍之数50。大，指太极，衍，表示由简单向复杂方向衍生、展开、推演。大衍之数就是太极衍生出万事万物所需要的数。

宋代朱熹根据《易传·系辞》中《大衍之数》这段话，撰写了一篇《筮仪》，详尽地阐述了这种揲蓍法：

择地洁处为蓍室，南户，置床室于中央。蓍五十茎，韬以纁帛，贮以皂囊，纳之椟中，置于床北。设木格于椟南，居床二分之北。置香炉一于格南，香盒一于炉南，日炷香致敬。将筮，则洒扫拂拭，涤砚一，注水；及笔一、墨一、黄漆板一，于炉东，东上。筮者齐洁衣冠，北面，盥手焚香致敬。两手奉椟盖，置于格南炉北，出蓍于椟，去囊解韬，置于椟东。合五十策，两手执之，薰于炉上。命之曰："假尔泰筮有常，某（姓名）今以某事云云，未知可否。爰质所疑，于神于灵，吉凶得失，悔吝忧虞，惟尔有神，尚明告之。"

乃以右手取一莛，反于椟中，而以左右手分四十九策，置格之左右两大刻。（此第一营，所谓"分而为二以象两"也。）次以左手取左大刻之策执之，而以右手取右大刻之一策，挂于左手之小指间。（此第二营，所谓"挂一以象三"者也。）次以右手四揲左手之策。（此第三营之半，所谓"揲之以四，以象四时"者也。）次归其所余之策，或一或二或三或四，而扐之左手无名指间。（此第四营之半，所谓"归奇于扐以象闰"者也。）次以右手反过揲之策于左大刻，遂取右大刻之策执之，而以左手四揲之。（此第三营之半。）次归其所余之策如前，而扐之左手中指之间。（此第四营之半，所谓"再扐以象再闰"者也。）一变所余之策，左一则右必三，左二则右亦二，左三则右必一，左四则右亦四。通挂一之策，不五则九。五以一其四而为奇，九以两其四而为偶，奇者三而偶者一也。次以右手反过揲之策于右大刻，而合左手一挂二扐之策，置于格上第一小刻。（以东为上，后仿此。）是为一变。

再以两手取左右大刻之蓍合之。或四十四策或四十策。复四营如第一变之仪，而置其挂扐之策于格上第二小刻，是为二变。二变所余之策，左一则右必二，左二则右必一，左三则右必四，左四则右必三。通挂一之策，不四则八。四以一其四而为奇，八以两其四而为偶，奇偶各得四之二焉。

又再取左右大刻之蓍合之。或四十策，或三十六策，或三十二策。复四营如第二变之仪，而置其挂扐之策于格上第三小刻，是为三变。（三变之余策，与二变同。）

三变既毕，乃视其三变所得挂扐过揲之策，而画其爻于版。挂扐之数，五四为奇，九八为偶。挂扐三奇，合十三策，则过揲三十六策而为老阳，其书为"▢"，所谓"重"也。挂扐两奇一偶合十七策，则过揲三十二策而为少阴，其画为"▬▬"，所谓"拆"也。挂扐两偶一奇，合二十一策，则过揲二十八策而为少阳，其画为"━"，所谓"单"也。挂扐三偶合二十五策，则过揲二十四策，而为老阴，其书为"×"，所谓"交"也。

如是，每三变而成爻。凡十有八变而成卦，乃考其卦之变，而占其事之吉凶。

礼毕，韬蓍，袭之以囊，入椟加盖，敛笔砚墨版，再焚香致敬而退。如使人筮，则主人焚香揖，筮者而退。

我们把礼仪的部分去掉，专言揲蓍法，图文说明如下：

取五十根蓍草。从中取出一根存而不用，这一根表示天地未开之前的太极。由太极衍生出来万事万物。

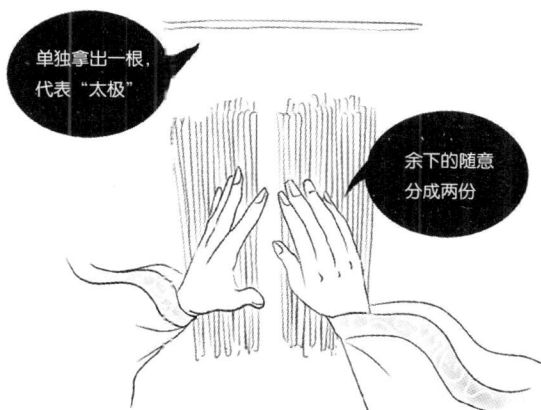

把四十九根蓍草随机分成左右两部分，左手部分象征天，右手部分象征地，"太极生两仪"，从此分阴阳造化天地。

从右边部分取出一根蓍草，夹在左手的小指与无名指之间，象征人。

　　将左右两簇蓍草分别以四根为一组来数，象征一年中有春夏秋冬四季的运行。

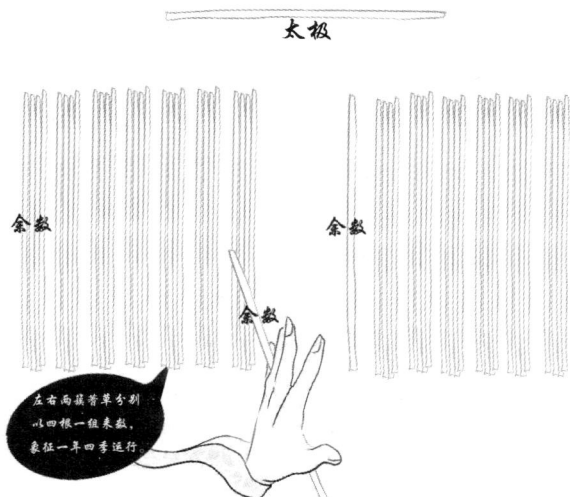

　　两边的余数加上无名指中的一根，象征五年中的两个闰月，至此为第一变。

　　将第一变余数蓍草放于一边，不再用。

一变　太极

将其余的蓍草合起，随意分成两份，从右边部分取出一根蓍草，夹在左手的小指与无名指之间。

太极

天　地

从左边取出一根蓍草，夹在左手的四五指之间，象征人

然后左右分别每四根为一组来数，两边余数加上无名指中的一根，放于一边，此为第二变。

将第二变余留的蓍草也放于一边，不再用。

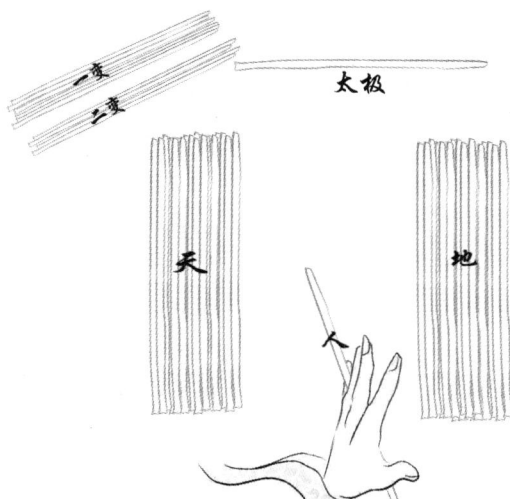

剩余的蓍草按同样的办法四根为一组来数，两边余数加上无名指中的一根，放于一边，此为第三变。

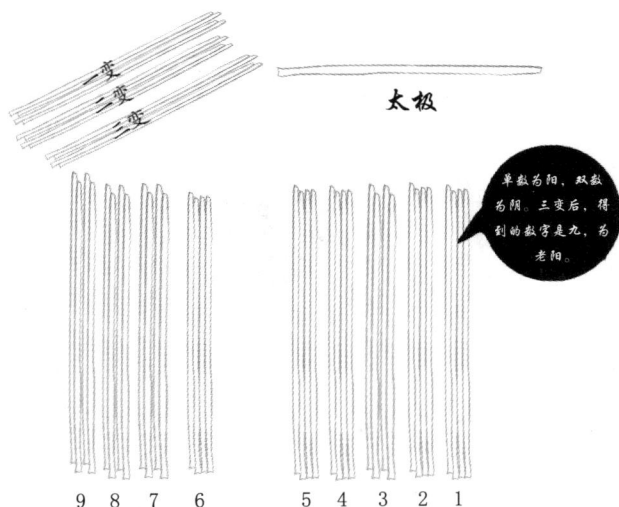

单数为阳，双数为阴。三变后，得到的数字是九，为老阳。

9 8 7 6　　5 4 3 2 1

三变后剩余的蓍草四根一组，得到数字为"9"，记下这个数。

经过三爻变之后，得到的数字是单数，为阳爻，记作"▰▰"。

得到的数字是双数，为阴爻，记作"▰ ▰"。

至此为止，第一爻产生。以此类推再产生其他五爻。由下往上画，反复推演十八次而画六爻，以成一卦。

举例：

推演十八次得出六爻的数字分别是9、7、8、7、6、8。为《归妹》卦。

但是9是老阳，6是老阴，物极必反，所以如果数字里面有9或者6的话，就必须进行变化，阳变阴，阴变阳。从而形成一个变卦："困卦"。

根据爻逢筮数9、6变，7、8不变的原则，我们得到的本卦和变卦就是这样的：

归妹卦变困卦

归妹【卦五十四】雷泽归妹 上震下兑　　困【卦四十七】泽水困 上兑下坎

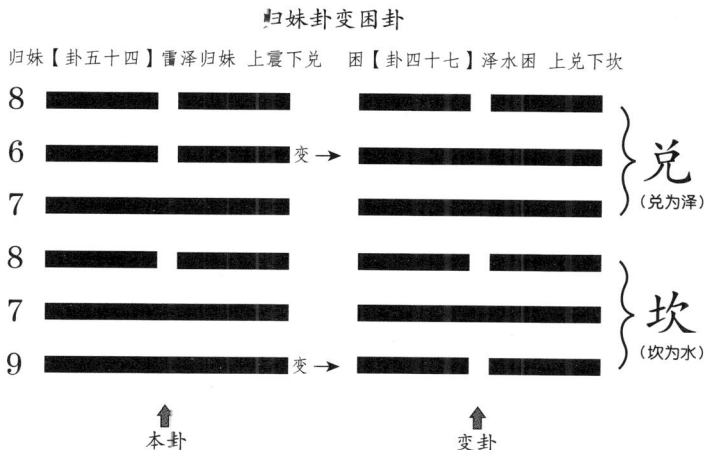

这种简便的揲蓍法，既能得出易卦所需的"六七八九"四个数字，又比较契合《周易·系辞传上》的说明，"四营而成易"，这里的"易"是易卦，"营"是经营，易卦是靠经营四这个数得出来的。引申为数学概念就是"除"。揲蓍的每一变都是在用四去除，把余数拿出。三变拿出后的数目分别是36、32、28、24，这几个数被四除，商是9、8、7、6，正是易卦所需的数字。这四个数字，为易卦带来了无穷的变化。在《周易》中占据极其重要的位置，这或许是打开八卦奥秘的一个门户。

八、解卦

本卦和变卦都有了，接下来就是解卦了。易卦的解卦法，同其成卦法一样，《周易》本身并没有记述。现在我们能够看到的易卦解卦法，都是后世学者分析研究《周易》及一些史料中记载的易卦卦例，从中揣摩，整理出来的。

《周易·系辞传上》说：

> 圣人设卦观象，系辞焉而明吉凶，刚柔相推而生变化。是故，吉凶者，失得之象也。悔吝者，忧虞之象也。变化者，进退之象也。刚柔者，昼夜之象也；六爻之动，三极之道也。是故，君子所居而安者，易之序也。所乐而玩者，爻之辞也。是故，君子居则观其象而玩其辞，动则观其变而玩其占。是以自天佑之，吉无不利。

历代学者一直把这段话作为易卦占法的一个提纲，朱熹通过这段话，并根据《国语》《左传》等史书上二十多个易占的实例，试图还原易卦的占法。"仁者见仁，智者见智"，各派学者关于易卦的占法并不完全统一。

《周易·系辞传上》的这段话，确实提出了易卦占法的基本原则，这就是"君子居则观其象而玩其辞，动则观其变而玩其占"。居，指平常；动，指用时。象是卦象；辞，指卦辞、爻辞；

变，指应用时具体的卦和爻与《周易》所列举的卦有什么不同；占，指所要预测事物的诸因素。这段话的意思是，平常认真观察卦象和卦辞、爻辞，在应用时根据卦的变化和所占事物的内外联系，这样才能得出可靠的、正确的判断。

（一）观象

观象，就是看《周易》六十四卦每卦的图形呈现出什么关系和意义。

观象一般需要考虑下列几种要素：

1. 卦位；2. 卦象；3. 爻象；4. 爻位；5. 序卦；6. 互卦。

1. 卦位

卦位指组成重卦的两个单卦在重卦中的位置。单卦即三画卦组成的八卦：乾、坤、震、巽、坎、离、艮、兑。两个八卦重叠成六画即是重卦。《周易》中的六十四卦都是重卦。组成重卦的单卦有上下、内外、先后的区别。这些区别和关系，分别代表不同的意义。位置在上的为上卦、外卦、后卦；位置在下的为下卦、内卦、先卦；卦位用于卜筮，内卦一般代表自己或自己所在的方面；外卦为他人或与自己对立的方面。内卦又为贞卦，外卦又为悔卦。贞表示吉庆喜乐之事，悔表示凶伤忧虑之事。

概括起来，六十四卦中单卦与单卦可以表达以下几种关系：

（1）上下关系：例如蒙卦，是艮卦和坎卦组成的，上艮下坎。艮为山，坎为水，表示山下有泉（水）。

（2）内外关系：例如明夷卦，内卦为离，表示文明。外卦为坤，坤为柔顺。此卦表示"内文明外柔顺"。

（3）前后关系：例如需卦，下卦为乾，上卦为坎，坎为险。《象传》曰："需，须也。险在前也。刚健而不陷。"说前边有险，在时间顺序上为将来。按出现卦的顺序，乾是已经出现的象，已有刚健之身，所以前边如遇险"而不陷"。

（4）平列关系：例如屯卦，上卦为坎，坎为水，为雨；下卦为震，为雷。此卦表示"雷行雨降"；雷与水是同时出现的，是平行关系。

上述四种关系都是异卦相重。同卦相重，称为八纯卦，八纯卦没有这些关系。

2. 卦象

卦象包含两个方面的意义：一是具体的物象；二是概括的物象。具体的物象，如乾为天、为父，坤为地、为母，震为长男，巽为长女等（参看《周易·说卦传》）。更高层次概括的物象即是阴和阳。根据《易传》的解释，乾、震、坎、艮为阳卦，坤、巽、离、兑为阴卦。两个卦合在一起，就必然产生阴阳力量的对比。

3. 爻象

易卦的爻象只有两种："▬"为阳爻；"▬ ▬"为阴爻。易经的爻题，用"九"表示阳爻，用"六"表示阴爻。阳爻代表阳刚之物，象征男子、君权、刚健的品德等；阴爻代表阴柔之物，象征女子、臣民、软弱柔顺的品德等。

4. 爻位

爻位就是爻在卦中的位次。重卦每卦有六个爻，按照成卦的顺序，最下边的为初爻，也叫一爻、下爻，二三四五六依次向上排列，第六爻又称上爻。

根据《易传》的解释，具体的爻位又代表以下一些含义：

——一三五为阳，二四六为阴；

——五六爻象征天道的阴阳，五为阳，六为阴；一二爻象征地道的阴阳，一为阳，二为阴；三四爻象征人道。

——五爻为天位，二爻为地位，三爻为人位，天位又为君位、夫位，地位又为臣位、妻位。

——上位、中位、下位、同位；重卦由两个单卦组成，单卦的三爻中，上为上位，中为中位，下为下位。在重卦中，一四爻都是下位，二五爻都是中位，三六爻都是上位。因此又称一四爻同位，二五爻同位，三六爻同位。

六十四卦，每卦六爻，每爻各有其象，各有其位。根据爻象及爻位的不同，不同的卦有不同的态势。

（1）刚柔相应：表示卦中阴阳两种力量处于平衡状态。具体有：

——五柔应一刚：如比卦，五爻为阳位，恰又是阳爻，因五位是君位、天位，尽管其他五爻都是阴爻，亦为相应，象征上下臣民都服从君主的统治。

——五刚应一柔：如小畜卦，四爻为阴位，阴爻，此为上下君子辅佐一个小人之象。

——同位相应：初爻和四爻、二爻和五爻、三爻和上爻，这三对同位爻各有一阴一阳，谓之同位相应。如恒卦，初阴四阳，二阳五阴，三阳六阴，此卦象征天地阴阳相应，国家君臣相应，家庭男女相应。所以称"恒"。

——同位敌应：初与四、二与五、三与六中，或都阳，或都阴，刚刚对立，柔柔对立为同位敌应。如艮卦，此卦象征上下不能合作。

（2）刚柔相胜：卦中阴阳力量不平衡，不是阳胜阴，就是阴胜阳。

——刚胜柔：如夬卦，一阴爻在上位，上六一爻为柔，下边五刚连成一片，刚能改变柔，此卦象征众君子能战胜一个小人。

——柔胜刚：如剥卦，上九一爻为刚，下五柔连成一片，刚势孤弱，柔势众强，柔能改变刚，此象征众小人能胜一君子。

（3）刚柔位当：阳爻居阳位，阴爻居阴位。谓之刚柔位当，表示人的才德与他所处的地位相当。

（4）刚柔位不当：阳爻居阴位，阴爻居阳位。谓之刚柔位不当，表示人的才德与他所处的地位不适应。

（5）刚柔得中：中为中位，即卦中二、五两爻，阳居中位，为刚得中；阴居中位，为柔得中。得中可象征人有正中的道德，为吉兆。刚柔得中有下列几种情况：

——刚得中：卦中只有一个阳爻居上卦中位或下卦中位。如比卦☷☵，五为上卦中位、阳位，只有九五一个阳爻。此卦可象征君得正道。

——柔得中：卦中只有一个阴爻居上卦中位或下卦中位。例如同人卦☰☲，二爻阴爻，可象征臣民得正中之道。

——双刚得中：卦中的两个中位都是阳爻，如中孚卦☴☱，二爻五爻都是阳爻，可象征人以刚健之德守中正之道。

——双柔得中：卦中的两个中位都是阴爻，例如小过☳☶。二爻和五爻都是阴爻，可象征才能弱者得正中之道。

——刚柔分中：卦中一个阳爻居上卦中位，一个阴爻居下卦中位。如观卦☴☷，五爻为阳位，正是阳爻，二爻为阴位，恰是阴爻，此为刚柔分中，可象征君臣各居其位，各守中正之道。

（6）刚柔居尊位：卦中的第五爻为天位、君位，因此也称尊位。阳爻在五爻为刚居尊位，阴爻在五爻是柔居中位。如需卦☵☰，是刚居尊位，大有卦☲☰，是柔居尊位。

（7）刚柔居上位：卦中第六爻为上位。六爻为刚是刚居上位，刚在尊位之上，到了极限。六爻是阴为柔居上位，象征人处在极其穷困的境地。人尊贵到极限要骄傲，人穷困到了极点要改变地位，都将朝自己相反的方向转化。

（8）刚柔居下位：卦中第一爻为下位。初爻是阳爻，是刚居下位；初爻是阴爻，为柔居下位。居下位象征人或事物处在低下的地位，但存在着向高处发展的可能。

（9）柔从刚：阴爻在阳爻之下，象征柔顺者顺从刚健者。《周易·象》认为柔顺从刚为吉。

（10）柔乘刚：阴爻在阳爻之上。象征柔弱者凌驾于强盛者之上。《周易·象》认为属于反常现象。

5. 序卦

序卦即六十四卦的排列顺序。观察一个卦在六十四卦中的位置，可以了解事物的起因及预测事物的发展方向。可参看《周易·序卦传》。

《周易·序卦传》原文：

有天地，然后万物生焉。盈天地之间者唯万物，故受之以屯。屯者，盈也，物之始生也。物生必蒙，故受之以蒙。蒙者，蒙也，物之稚也。物稚不可不养也，故受之以需。需者，饮食之道也。饮食必有讼，故受之以讼。讼必有众起，故受之以师。师者，众也。众必有所比，故受之以比。比者，比也。比必有所畜，故受之以小畜。物畜然后有礼，故受之以履。履而泰，然后安，故受之以泰。泰者，通也。物不可以终通，故受之以否。物不可以终否，故受之以同人。与人同者，物必归焉，故受之以大有。有大者不可以盈，故受之以谦。有大而能谦必豫，故受之以豫。豫必有随，故受之以随。以喜随人者必有事，故受之以蛊。蛊者，事也。有事而后可大，故受之以临。临者，大也。物大然后可观，故受之以观。可观而后有所合，故受之以噬嗑。嗑者，合也。物不可以苟合而已，故受之以贲。贲者，饰也。致饰然后亨则尽矣，故受之以剥。剥者，剥也。物不可以终尽，剥，穷上反下，故受之以复。复则不妄矣，故受之以无妄。有无妄然后可畜，故受之以大畜。物畜然后可养，故受之以颐。颐者，养也。不养则不可动，故受之以大过。物不可以终过，故受之以坎。坎者，陷也。

陷必有所丽，故受之以离。离者，丽也。

有天地，然后有万物；有万物，然后有男女；有男女，然后有夫妇；有夫妇，然后有父子；有父子，然后有君臣；有君臣，然后有上下；有上下，然后礼义有所错。夫妇之道，不可以不久也，故受之以恒。恒者，久也。物不可以久居其所，故受之以遁。遁者，退也。物不可以终遁，故受之以大壮。物不可以终壮，故受之以晋。晋者，进也。进必有所伤，故受之以明夷。夷者，伤也。伤于外者必反其家，故受之以家人。家道穷必乖，故受之以睽。睽者，乖也。乖必有难，故受之以蹇。蹇者，难也。物不可以终难，故受之以解。解者，缓也。缓必有所失，故受之以损。损而不已必益，故受之以益。益而不已必决，故受之以夬。夬者，决也。决必有所遇，故受之以姤。姤者，遇也。物相遇而后聚，故受之以萃。萃者，聚也。聚而上者谓之升，故受之以升。升而不已必困，故受之以困。困乎上者必反下，故受之以井。井道不可不革，故受之以革。革物者莫若鼎，故受之以鼎。主器者莫若长子，故受之以震。震者，动也。物不可以终动，止之，故受之以艮。艮者，止也。物不可以终止，故受之以渐。渐者，进也。进必有所归，故受之以归妹。得其所归者必大，故受之以丰。丰者，大也。穷大者必失其所居，故受之以旅。旅而无所容，故受之以巽。巽者，入也。入而后说之，故受之以兑。兑者，说也。说而后散之，故受之以涣。涣者，离也。物不可以终离，故受之以节。节而信之，故受之以中孚。有信者必行之，故受之以小过。有过物者必济，故受之以既济。物不可穷也，故受之以未济终焉。

6. 互卦

互卦是从一个重卦中还能看出另外一些卦象来。有两种情况：一种是二爻至四爻，或三爻至五爻。例如屯卦，二爻至四爻是坤，三爻至五爻是艮。坤、艮是屯卦的互卦。再举几个例子：蒙卦，二爻至四爻是震，三爻至五爻是坤。需卦，二爻至四爻是兑，三爻至五爻是离。另一种是从整体上看，中孚卦，可以看作是大离。小过卦，可以看成是大坎。也可以从二爻至五爻看出大离大坎来。如旅卦，二爻至五爻也可以认为是大坎。

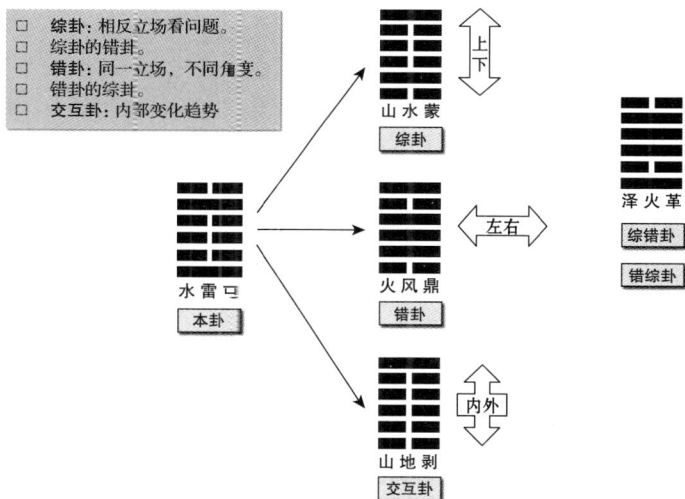

另外，易卦还讲究错卦与综卦，可参看《周易·杂卦传》。《周易·杂卦传》全文：

> 乾刚坤柔，比乐师忧。临观之义，或与或求。屯见而不失其居，蒙杂而著。震，起也。艮，止也。损益盛衰之始也。大畜时也。无妄灾也。萃聚而升不来也。谦轻而豫怠也。噬嗑食也，贲无色也。兑见而巽伏也。随

无故也，蛊则饬也。剥烂也，复反也。晋昼也。明夷诛
也。井通而困相遇也。咸速也。恒久也。涣离也。节止
也。解缓也。蹇难也。睽外也。家人内也。否泰反其类
也。大壮则止，遁则退也。大有众也。同人亲也。革去
故也。鼎取新也。小过过也。中孚信也。丰多故也。亲
寡旅也。离上而坎下也。小畜寡也。履不处也。需不进
也。讼不亲也。大过颠也。姤遇也，柔遇刚也，渐女归
待男行也。颐养正也。既济定也。归妹女之终也。未
济男之穷也。夬决也，刚决柔也，君子道长，小人道
忧也。

（二）玩辞

所谓玩辞，就是仔细研究、体会卦辞和爻辞。

《周易》是我国最早的一部带有爻辞的卜筮书，每一卦、每
一爻都记述了相应的卦辞和爻辞。但是揲蓍成卦后究竟是用卦辞
还是用爻辞推占？如用爻辞，究竟是哪一爻的爻辞？这些问题
《周易》本身同样没有记述。后人据《周易·系辞传上》"动则
观其变而玩其占"提出了依卦中有无变爻及变爻的多少确定用何
卦辞、爻辞的方法。变爻为动，不变爻为静。

六爻俱静：卦中没有变爻，主要看卦象和卦辞。内卦为贞，
外卦为悔，看内外卦之间的关系。

一动五静，以变爻之辞主之。兼看本卦和变卦卦象。如果变
爻为上爻，应兼看变卦上爻的爻辞而占。

二动四静，有两个变爻的卦。按朱熹《易学启蒙》说："二
爻变者，则以本卦二变爻之辞占，而以上爻之辞为主"；清代张
丙嘉认为朱熹说法不确："一动占之卦，二动岂有占本卦动爻之
理？"笔者认为张丙嘉的见解有道理。所以，二动四静，应兼看
本卦和变卦所有的变爻，以变卦位置在上的所变爻为主。

三动三静：动有三爻，已成一卦之数，无论所变三爻全在一卦，或分见于两卦，三动三静，势均力敌。因此，以本卦为贞，以变卦为悔，兼看两卦彖辞。

四动二静：朱熹《易学启蒙》说："四爻变者，则以变卦二不变之爻辞占，仍以下爻为主。"《占易秘解》认为应以本卦二静爻为主。孰是孰非尚待考证。

五动一静：以变卦中一静爻的爻辞主占。

六爻俱动：乾、坤二卦在《周易》中专列了用九和用六。即可以用九和用六断，其他六十二卦应以变卦卦辞为主，兼看本卦卦象。

《易卦》占法是一门极其高深而又非常复杂的学问，不能只拿卦辞和爻辞去简单对号。而应该对卦象、卦辞、变爻爻辞，变卦卦象，所变爻辞及所占事物之间诸因素综合考察和分析，才能得出可靠的、正确的判断。

《易卦》的卦辞、爻辞所提示的内容是一种哲理，具有很大的抽象性、包容性、多维性、启示性，因而是广义的、多层次的、富有变化的，要随问卦的主题作灵活、随机的领悟。在解卦的时候要在充分理解这些卦象、卦辞或爻辞内在含义的基础上，结合当前所占问的事项，触类旁通，采用类比推论的方法，得出准确的占筮结果。

第一卦　乾

乾：（六龙御天之卦，广大包容之象）

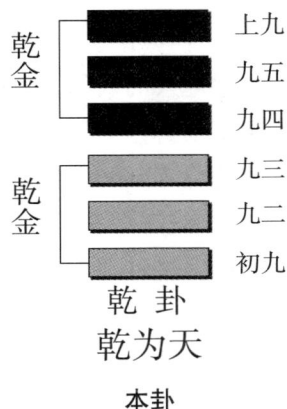

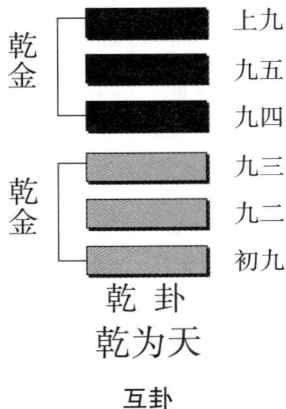

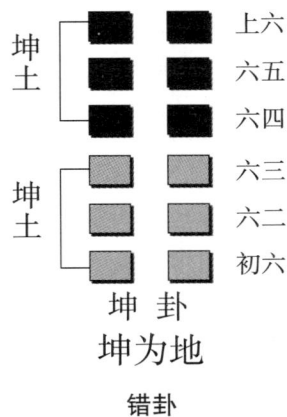

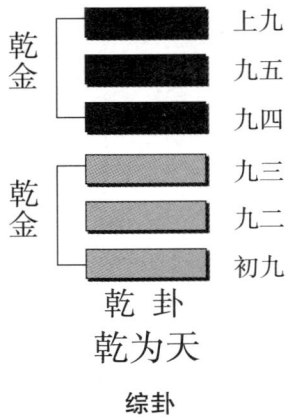

乾金
乾金

上九
九五
九四
九三
九二
初九

乾卦
乾为天

本卦

乾金
乾金

上九
九五
九四
九三
九二
初九

乾卦
乾为天

互卦

坤土
坤土

上六
六五
六四
六三
六二
初六

坤卦
坤为地

错卦

乾金
乾金

上九
九五
九四
九三
九二
初九

乾卦
乾为天

综卦

卦象　乾：乾为天，刚健中正；由六个阳爻组成，代表朗朗天空的纯阳性，象征"天"，喻龙（德才的君子），以"元，亨，利，贞"为卦辞，示吉祥如意，遵守天道的德行，以渊博学识和高尚品质成君子之名，可成就大事业。

　　象曰：天行健，君子以自强不息。

　　《象辞》说：天道运行周而复始，永不停息，君子观象取法，自强向上，永不停息。

　　《周易》卦爻辞原文：

　　乾：元，亨，利，贞。

　　初九：潜龙勿用。

　　九二：见龙在田，利见大人。

　　九三：君子终日乾乾，夕惕若厉，无咎。

　　九四：或跃于渊，无咎。

　　九五：飞龙在天，利见大人。

　　上九：亢龙有悔。

　　用九：见群龙无首，吉。

　　"乾"的含义包含了元始，亨通，利和，贞正四个方面（提示事物在"阳生"之时，如日出、种子破土、求学、参加工作等时间流变选择）。

　　初九爻详解：

　　初九。潜龙勿用。

　　初九：潜藏之龙，无法施展。

　　象曰：潜龙勿用，阳在下也。

　　《象辞》说：水中之龙初生，羽翼未丰，不能急于飞行。因为初九阳爻处在一卦的下位，此时阳气还很弱小。

初九爻动变得《周易》第四十四卦：天风姤。

九二爻详解：

九二。见龙在田，利见大人。

九二：龙出现在大地上，有利于会见贵族王公。

象曰：见龙在田，德施普也。

《象辞》说：龙到了大地上，喻指君子走出了低谷，可以开始谋取建功立业的时机。

九二爻动变得《周易》第十三卦：天火同人。

九三爻详解：

九三。君子终日乾乾，夕惕若厉，无咎。

九三：君子整日里勤奋努力，小有所成，但仍然要警惕不已，这样即便遇到险境，也能平安无事。

象曰：终日乾乾，反复道也。

《象辞》说：君子永远以天为榜样，学习不停积累的“反复”之道。

九三爻动变得《周易》第十卦：天泽履。

九四爻详解：

九四。或跃于渊，无咎。

九四：龙已跳跃出深潭，表示已经打好了飞的基础，不会有什么灾祸。

象曰：或跃在渊，进无咎也。

《象辞》说：九四爻也是刚中有刚，又不居中，上不沾天，下不着地，中不在人间，所以存在多种可能性，谨慎分析，待机而进，没有灾殃。

九四爻动变得《周易》第九卦：风天小畜。

九五爻详解：

九五。飞龙在天，利见大人。

九五：龙飞腾在空口，有利于会见贵族王公。

象曰：飞龙在天，大人造也。

《象辞》说：寓意君子已经达到了至尊之位、全盛时期，靠的是"大人"的帮助。

九五爻动变得《周易》第十四卦：火天大有。

上九爻详解：

上九。亢龙有悔。

上九：升腾到极限的龙会有所悔悟。

象曰：亢龙有悔，盈不可久也。

《象辞》说：升腾到极限进无可进，便开始回落，盛极必衰，物壮则老，盈满的状态是不可能长久保持的。

上九爻动变得《周易》第四十三卦：泽天夬。

用九爻详解：

用九：见群龙无首，吉。

用九：出现的群龙都不以首领自居，吉祥。

象曰：用九，天德不可为首也。

《象辞》说：用九，掌握了乾卦，明白了天德，就不会以首领自居了。

（注：用九：用阳，运用乾卦六爻，是乾卦特有的爻题。天德：上天创造万物的德性。）

第二卦　坤

坤:（生载万物之卦，薄厚无疆之象）

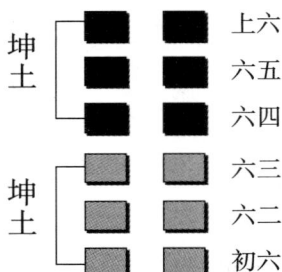

坤土
坤土

上六
六五
六四
六三
六二
初六

坤卦
坤为地

本卦

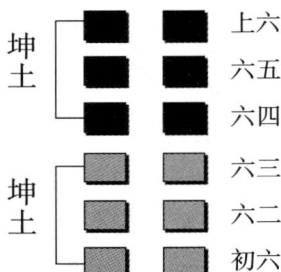

坤土
坤土

上六
六五
六四
六三
六二
初六

坤卦
坤为地

互卦

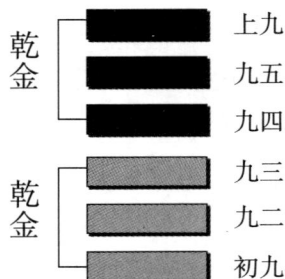

乾金
乾金

上九
九五
九四
九三
九二
初九

乾卦
乾为天

错卦

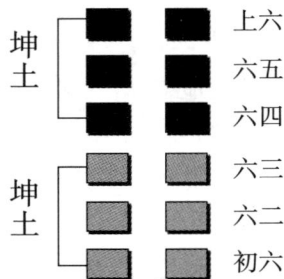

坤土
坤土

上六
六五
六四
六三
六二
初六

坤卦
坤为地

综卦

卦象 坤：坤为地，柔顺伸展；由六个阴爻组成，象征"大地""母亲"。阴之成形莫大于地，地道生育抚养万物，而又依天顺时，广阔无边，宽厚大度。所以，自然、温顺、阴柔、顺从是坤卦的卦德。

象曰：地势坤，君子以厚德载物。

《象辞》说：大地博大无边，君子效法，以宽厚的德性接纳万物。

《周易》卦爻辞原文：

坤：元亨，利牝马之贞。君子有攸往，先迷后得，主利，西南得朋，东北丧朋。安贞，吉。

初六：履霜，坚冰至。

六二：直，方，大，不习无不利。

六三：含章可贞。或从王事，无成有终。

六四：括囊，无咎，无誉。

六五：黄裳，元吉。

上六：龙战于野，其血玄黄。

用六：利永贞。

"坤"象征大地纯阴至顺，元始亨通，可比为牝马之选择正道。君子"投奔"领路人，先迷失路途，后来终于找到，这对双方都有利。西南行找到了同类，但非领路的头马。后来离开了同类，到了东北方向，终于找到了头马，这样一心向着正道，当然吉利。

初六爻详解：

初六。履霜，坚冰至。

初六：脚踏着薄霜，凝结坚冰的日子即将到来。

象曰：履霜坚冰，阴始凝也。驯致其道，至坚冰也。

《象辞》说：踏到霜花，说明阴气开始凝结，遵循自然规律的推进，坚厚的冰层快要冻结而成了。

初六爻动变得《周易》第二十四卦：地雷复。

六二爻详解：

六二。直，方，大，不习无不利。

六二：平直、方正、辽阔是大地的特点。没有走过的路也不会有什么不利的。

象曰：六二之动，直以方也。不习无不利，地道光也。

《象辞》说：六二爻时的行动，取法于大地平直且规正，没有经历过的事也不会带来不利的结果，因为地道是广大无边的。

六二爻动变得《周易》第七卦：地水师。

六三爻详解：

六三。含章可贞。或从王事，无成有终。

六三：有才华有抱负，尽可大胆干正事，亦或跟着君王做事，即使没有大的成就，也会有好的结局。

象曰：含章可贞，以时发也。或从王事，知光大也。

《象辞》说：抓住时机采取行动，因为展现自己的时机到了，或从政或从军等，人的所学和潜能都能得到发挥。

六三爻动变得《周易》第十五卦：地山谦。

六四爻详解：

六四。括囊，无咎，无誉。

六四：收敛不语，避免过失，不贪荣誉。

象曰：括囊，无咎，慎不害也。

《象辞》说：扎紧了口袋，如缄口不言，是说谨慎就没有灾祸。

六四爻动变得《周易》第十六卦：雷地豫。

六五爻详解：

六五。黄裳，元吉。

六五：黄色的裙裳，大吉大利。

象曰：黄裳，元吉，文在中也。

《象辞》说：穿着表示谦下的黄色裙裳大吉大利，因为文采蕴含其中。

六五爻动变得《周易》第八卦：水地比。

上六爻详解：

上六。龙战于野，其血玄黄。

上六：龙在野地大战，鲜血染红了大地。

象曰：龙战于野，其道穷也。

《象辞》说：龙在大地上争斗，表示阴盛不退，比喻人走到了穷困的绝境。

上六爻动变得《周易》第二十三卦：山地剥。

用六爻详解：

用六：利永贞。

用六：适宜永久正固。

象曰：用六永贞，以大终也。

《象辞》说：运用坤卦六爻适宜长久正固，会有宏大终结。

（注：用六：用阴，运用坤卦六爻，是坤卦特有的爻题。）

第三卦 屯

屯:（龙在沟壑之卦，始生艰难之象）

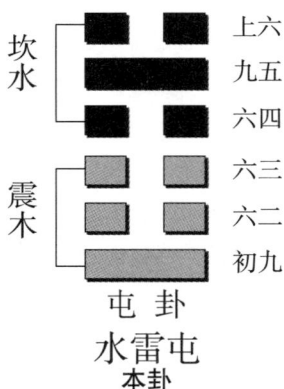

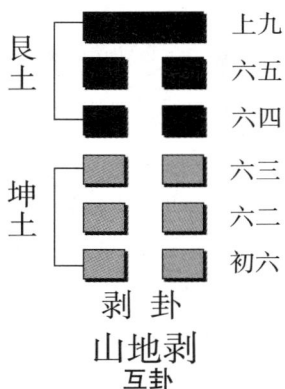

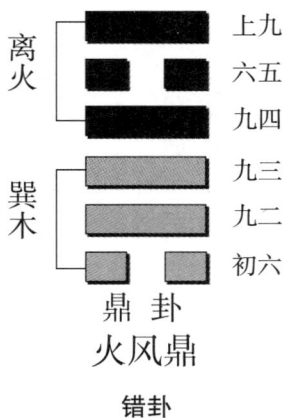

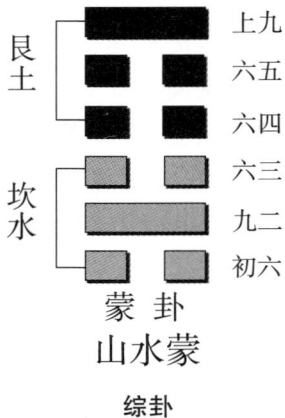

| | | 坎水 | | | | 上六 |
| 九五 |
| 六四 |

坎水

震木

屯 卦

水雷屯

本卦

艮土

坤土

剥 卦

山地剥

互卦

上九
六五
六四

六三
六二
初六

离火

巽木

鼎 卦

火风鼎

错卦

上九
六五
九四

九三
九二
初六

艮土

坎水

蒙 卦

山水蒙

综卦

上九
六五
六四

六三
九二
初六

卦象 屯：水雷屯，起始维艰；卦象：下震上坎。震为雷，喻动；坎为雨，喻险。雷雨交加，险象丛生，象征事物的初生与萌芽。像种子萌芽，茇土而出，萌生、破土多有艰难，所以有"难"义。初生之物应该强根固本，不可轻动，应该坚定信念，积极进取。

象曰：云雷，屯；君子以经纶。

《象辞》说：云行于上，雷动于下，是屯卦的卦象。天地初创，国家始建，君子观此卦象，应以全部才智投入到创建国家的事业中去。

《杂卦》说："屯，见而不失其居也。"见，现也。要展现自己就得不失其居，就得有支点，寻求一个立足之地。草木无土则枯，人无立业之地则危，故君子首先得寻找支撑点，才能指望有所成功。

《周易》卦爻辞原文：

屯：元亨利贞；勿用有攸往，利建侯。

初九：磐桓，利居贞，利建侯。

六二：屯如邅如，乘马班如。匪寇婚媾，女子贞不字，十年乃字。

六三：即鹿无虞，惟入于林中。君子几，不如舍，往吝。

六四：乘马班如，求婚媾。往吉，无不利。

九五：屯其膏，小贞吉，大贞凶。

上六：乘马班如，泣血涟如。

"屯"象征初生：元始，亨通，和谐，贞正，利于固守正道，不要盲目行动，不要急于求成，利于建立诸侯国。

初九爻详解：

初九。磐桓，利居贞，利建侯。

初九：徘徊难进。万事开头难，在初创时期困难特别大，难免徘徊不前，利于居守正道，利于建诸侯国。

象曰：虽磐桓，志行正也；以贵下贱，大得民也。

《象辞》说：虽然徘徊难进，但志向和行为纯正。初九居六二阴爻之下，深入基层，身份尊贵但能谦和待人，因而大得民心。

初九爻动变得《周易》第八卦：水地比。

六二爻详解：

六二。屯如邅如，乘马班如。匪寇婚媾，女子贞不字，十年乃字。

六二：困顿难行，驾着马车原地回旋。匪寇前来抢婚，女子坚持不嫁，十年才能孕育。

象曰：六二之难，乘刚也；十年乃字，反常也。

《象辞》说：六二之爻预示艰难，因为柔胜于刚，十年才能孕育，这是反常现象。

六二爻动变得《周易》第六十卦：水泽节。

六三爻详解：

六三。即鹿无虞，惟入于林中。君子几，不如舍，往吝。

六三：追逐鹿时，由于缺少管山林之人的引导，致使鹿逃入树林中去。君子此时仍不愿舍弃，轻率地继续追踪，则必然会发生祸事。

象曰：即鹿无虞，以纵禽也。君子舍之，往吝穷也。

《象辞》说：学着其他猎手的样子一个人出去狩猎，但不熟悉道路只能眼看着猎物进入林中（惟入于林中），明智的人最好放弃。

六三爻动变得《周易》第六十三卦：水火既济。

六四爻详解：

六四。乘马班如，求婚媾。往吉，无不利。

六四：驾着马车原地回旋，这是寻求婚姻。坚定不移地大胆前行，则结果必然是吉祥顺利的。

象曰：求而往，明也。

《象辞》说：经历挫折反思后，虚心地向有经验的人请教，实为明智之举。

六四爻动变得《周易》第十七卦：泽雷随。

九五爻详解：

九五。屯其膏，小贞吉，大贞凶。

九五：艰难时期囤积的财物，小量用于正当地方吉利，若大量消耗，即使用于正当地方也有凶险。

象曰：屯其膏，施未光也。

《象辞》说：艰难时期的财富，还没有到广济博用之时。

九五爻动变得《周易》第二十四卦：地雷复。

上六爻详解：

上六。乘马班如，泣血涟如。

上六：四马前进，步调不一，进退两难，悲伤泣血，泪水涟涟。

象曰：泣血涟如，何可长也？

《象辞》说：血泪涟涟，怎么可以长久呢？

上六爻动变得《周易》第四十二卦：风雷益。

第四卦　蒙

蒙:（童蒙养正之卦，山泉流淌之象）

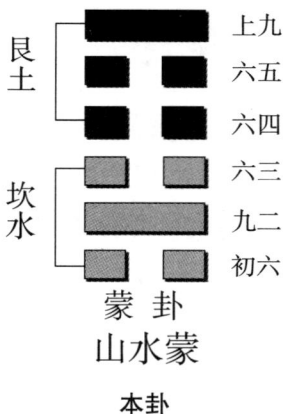

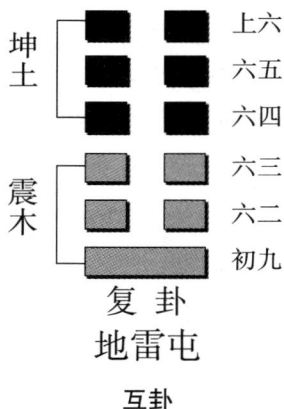

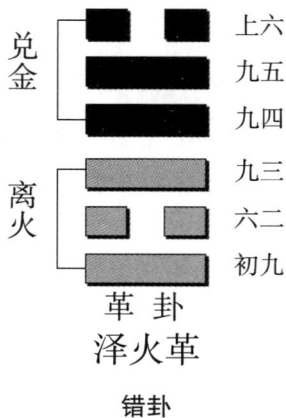

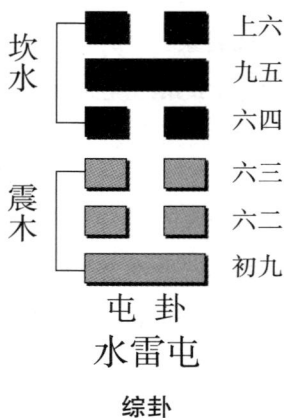

艮土　　上九　　　　坤土　　上六
　　　　六五　　　　　　　六五
　　　　六四　　　　　　　六四
坎水　　六三　　　　震木　　六三
　　　　九二　　　　　　　六二
　　　　初六　　　　　　　初九

蒙　卦　　　　　　　复　卦
山水蒙　　　　　　　地雷屯

本卦　　　　　　　**互卦**

兑金　　上六　　　　坎水　　上六
　　　　九五　　　　　　　九五
　　　　九四　　　　　　　六四
离火　　九三　　　　震木　　六三
　　　　六二　　　　　　　六二
　　　　初九　　　　　　　初九

革　卦　　　　　　　屯　卦
泽火革　　　　　　　水雷屯

错卦　　　　　　　**综卦**

卦象 蒙：山水蒙，启蒙奋发；卦象：下坎上艮。艮是山的形象；坎是水的形象；卦形为高山下流出泉水，泉水从山中流出必渐汇成江河，正如人的蒙昧被开启，逐渐接受文明的熏陶与洗礼。

象曰：山下出泉，蒙。君子以果行育德。

《象辞》说：山下有泉水之表象，但要想发现甘泉，必须设法准确地找出泉水的位置，即意味着必须先进行启蒙教育。君子必须下定决心，行动果断，才能培养出良好的品德。

《周易》卦爻辞原文：

蒙：亨。匪我求童蒙，童蒙求我。初噬告，再三渎，渎则不告。利贞。

初六：发蒙，利用刑人。用说桎梏，以往吝。

九二：包蒙言。纳妇吉。子克家。

六三：勿用娶女，见金夫，不有躬，无攸利。

六四：困蒙，吝。

六五：童蒙，吉。

上九：击蒙，不利为寇，利御寇。

"蒙"象征启蒙：亨通。不是我有求于幼稚愚昧的人，而是幼稚愚昧的人有求于我。这就如同占筮一样，初次占问神灵告诉了他。轻慢不敬地再三占筮，就是对占筮之法的亵渎，是不会显示结果的。蒙卦对坚守正道有利。

初六爻详解：

初六。发蒙，利用刑人。用说桎梏，以往吝。

初六：启蒙教育，贵在树立典型，可用来脱离身心束缚，其他方法都行不通。

象曰：利用刑人，以正法也。

《象辞》说：用树立典型的办法来进行启蒙教育，是正确的教导法则。

初六爻动变得《周易》第四十一卦：山泽损。

九二爻详解：

九二。包蒙吉。纳妇吉。子克家。

九二：有上进心，希望获得知识，这是吉兆。娶迎妻子，相配成家，儿子能够振兴家业，吉利。

象曰：子克家，刚柔接也。

《象辞》说：男女相配成家，因为九二、六三两爻相近，表示阴阳刚柔相交会。由于渴望接受教育，上进心很强，所以连孩子们都已经能够治家了，这是因为刚柔相济，孩子们受到了很好的启蒙教育的结果。

九二爻动变得《周易》第二十三卦：山地剥。

六三爻详解：

六三。勿用娶女，见金夫，不有躬，无攸利。

六三：不能娶这样的女子，她的心目中只看重金钱，不能守礼仪，也难以保住自己的节操，娶这样的女子是没有什么好处的。

象曰：勿用娶女，行不顺也。

《象辞》说：不能聘娶女子，六三之爻居于九二之上，这是以柔乘刚之象，女子的行为不合乎礼仪，即这个女子没有受过良好的教育。

六三爻动变得《周易》第十八卦：山风蛊。

六四爻详解：

六四。困蒙，吝。

六四：被困与蒙昧，遗憾。

象曰：困蒙之吝，独远实也。

《象辞》说：困于蒙昧的遗憾，是因为他独自远离现实。

六四爻动变得《周易》第六十四卦：火水未济。

六五爻详解：

六五。童蒙，吉。

六五：蒙昧的儿童，吉祥。

象曰：童蒙之吉，顺以巽也。

《象辞》说：蒙昧的儿童吉祥，是因为顺其天性而使其步入正道。

六五爻动变得《周易》第五十九卦：风水涣。

上九爻详解：

上九。击蒙，不利为寇，利御寇。

上九：启蒙教育要及早实行，不要等蒙童的问题彻底暴露再去教育，而要防患于未然，事先进行启蒙教育。

象曰：利用御寇，上下顺也。

《象辞》说：上九阳爻居于一卦之首，说明臣下顺从拥戴。防御盗寇之举，就是要针对蒙童的缺点，先发制人，因为只有这样，才能使老师和蒙童互相配合，才能达到上下一心的目的。

上九爻动变得《周易》第七卦：地水师。

第五卦　需

需:（待机而动之卦，密云不雨之象）

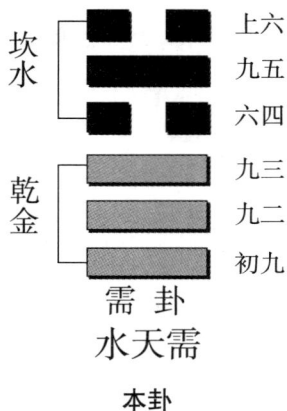

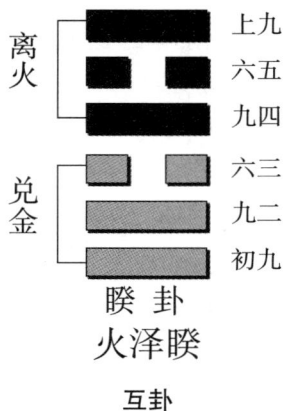

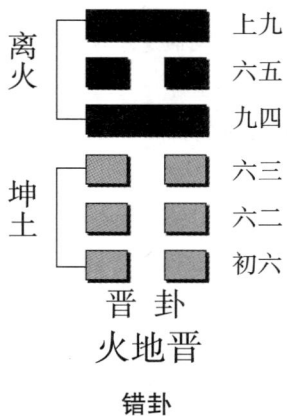

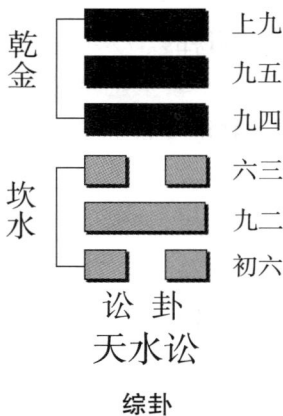

坎水
坎水　　　上六
　　　　　九五
　　　　　六四

乾金
乾金　　　九三
　　　　　九二
　　　　　初九

需　卦
水天需
本卦

离火
离火　　　上九
　　　　　六五
　　　　　九四

兑金
兑金　　　六三
　　　　　九二
　　　　　初九

睽　卦
火泽睽
互卦

离火
离火　　　上九
　　　　　六五
　　　　　九四

坤土
坤土　　　六三
　　　　　六二
　　　　　初六

晋　卦
火地晋
错卦

乾金
乾金　　　上九
　　　　　九五
　　　　　九四

坎水
坎水　　　六三
　　　　　九二
　　　　　初六

讼　卦
天水讼
综卦

卦象 需：水天需，守正待机，象征等待之意；卦象：下乾上坎。乾为天，坎为云，云在天上聚集，等待时机下雨，所以卦名为需。需卦象征着等待，等待时机，适时而动。

象曰：云上于天，需；君子以饮食宴乐。

《象辞》说：云浮聚于天上，待时降雨是需卦的卦象。久旱逢雨，君子摆酒设宴，待时而动。

《周易》卦爻辞原文：

需：有孚，光亨，贞吉；利涉大川。

初九：需于郊，利用恒，无咎。

九二：需于沙，小有言，终吉。

九三：需于泥，致寇至。

六四：需于血，出自穴。

九五：需于酒食，贞吉。

上六：入于穴，有不速之客三人来，敬之终吉。

"需"在《说文》中的解释是："需，须也，遇雨不进，止须也。"就是讲下雨了，必须找个地方避雨，等雨过天晴后再赶路，所以需卦便有等待的含义。

初九爻详解：

初九。需于郊，利用恒，无咎。

初九：在郊外等待，必须有恒心，长久耐心地静候时机，不会有什么祸患。

象曰：需于郊，不犯难行也；利用恒，无咎，未失常也。

《象辞》说：在郊外等待必须有恒心，不犯难行也。妄想一蹴而就会遭遇意想不到的危险，妄想一步登天更是痴人说梦。唯一的方法就是持之以恒和努力创造条件，不失去做事原则，没有灾祸。

初九爻动变得《周易》第四十八卦：水风井。

九二爻详解：

九二。需于沙，小有言，终吉。

九二：为了需求在沙地上等待，虽然要受到别人的一些非难指责，但耐心等待终究会获得吉祥。

象曰：需于沙，衍在中也；虽小有言，以终吉也。

《象辞》说：沙地软柔难通行，将有延误事机之失，这过失在自身。沙，细小之散石。从点滴做起，小步求得，虽然稍有过失，最后的结果还是好的。

九二爻动变得《周易》第六十三卦：水火既济。

九三爻详解：

九三。需于泥，致寇至。

九三：为了需求在泥淖中等待，抢劫的贼寇乘机而至。

象曰：需于泥，灾在外也。自我致寇，敬慎不败也。

《象辞》说：泥，泥泞和泥滞的意思。泥泞和泥滞就会错失良机，就会被他人占有，这过失在自我，只有恭敬谨慎地不懈努力才不会失败。

九三爻动变得《周易》第六十卦：水泽节。

六四爻详解：

六四。需于血，出自穴。

六四：为了需求在血泊中等待，不小心陷进坑穴，用尽全力才逃脱出来。

象曰：需于血，顺以听也。

《象辞》说：六四之爻处在九五之爻的威逼之下，只得顺从强者。顺应形势并不是柔弱的表现，而是为了创造更为有利的条件。韩信受胯下之辱，勾践卧薪尝胆，无不体现着明智的选择，故君子争的是一世而不是一时，争一时更要争千秋！

六四爻动变得《周易》第四十三卦：泽天夬。

九五爻详解：

九五。需于酒食，贞吉。

九五：准备好酒食招待客人，占问的结果是吉祥的。

象曰：酒食贞吉，以中正也。

《象辞》说：有酒有肉，吉利之兆，九五之爻处于上卦中位，中正而吉祥。

九五爻动变得《周易》第十一卦：地天泰。

上六爻详解：

上六。入于穴，有不速之客三人来，敬之终吉。

上六：进入地穴式的房屋，有三位不速之客来到，对他们恭恭敬敬，以礼相待，终究会得到吉祥的结果。

象曰：不速之客，敬之终吉；虽不当位，未大失也。

《象辞》说：全卦阳刚过甚，逼压阴柔，但是上六处阴位，位置合适，所以以凉无险，没有大的损失。从现代角度来说叫家有积粮，对"不速之客"当有恻隐之心，处富贵之地当知贫贱的痛痒，因此不可不慎，不可不敬，敬之终吉。

上六爻动变得《周易》第九卦：风天小畜。

第六卦　讼

讼：（官非口舌之卦，天水违行之象）

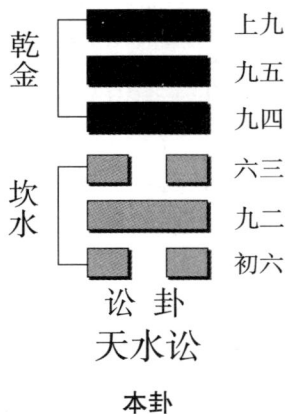

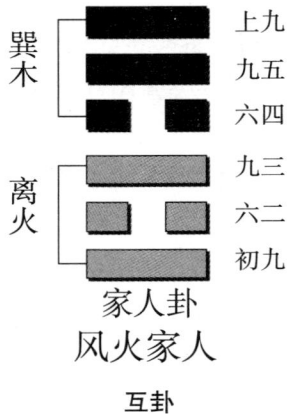

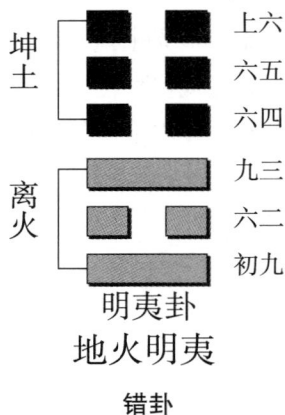

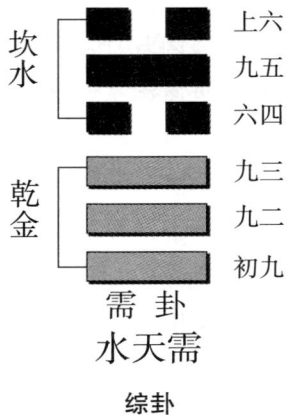

乾金　　上九
　　　　九五
　　　　九四

坎水　　六三
　　　　九二
　　　　初六

讼 卦
天水讼

本卦

巽木　　上九
　　　　九五
　　　　六四

离火　　九三
　　　　六二
　　　　初九

家人卦
风火家人

互卦

坤土　　上六
　　　　六五
　　　　六四

离火　　九三
　　　　六二
　　　　初九

明夷卦
地火明夷

错卦

坎水　　上六
　　　　九五
　　　　六四

乾金　　九三
　　　　九二
　　　　初九

需 卦
水天需

综卦

卦象 讼：元水讼，象征争论、诉讼、打官司；卦象：下坎上乾。乾为天，坎为水；天与水违行，讼。君子以做事谋始。以物象而喻人事，人们在争夺利益时，便会引发诉讼，如果诉讼太久，必定两败俱伤，做事要事先谋划好，才能避免争讼。

象曰：天与水违行，讼。君子以做事谋始。

《象辞》说：天与水相违而行，成讼之象。君子观此卦象，在做事前要深谋远虑，从开始就要消除可能引起争端的因素。

《周易》卦爻辞原文：

讼：有孚，窒惕，中吉；终凶。利见大人，不利涉大川。

初六：不永所事，小有言，终吉。

九二：不克讼，归而逋，其邑人三百户无眚。

六三：食旧德，贞厉，终吉；或从王事，无成。

九四：不克讼，复既命，渝，安贞，吉。

九五：讼，元吉。

上九：或锡之鞶带，终朝三褫之。

"讼"天与水违行，象征打官司，坚守正道会有吉祥；适可而止吉祥，纠缠到底凶险。利于觐见明断诉讼的大人物，不利于像渡大江大河一样争强好胜。

初六爻详解：

初六。不永所事，小有言，终吉。

初六：不要把争讼拖得太久，有些小的争议，但结果是吉利的。

象曰：不永所事，讼不可长也；虽小有言，其辩明也。

《象辞》说：不永所事，说明官司不可能长久打下去。虽然小有争辩之言，但争讼双方的是非曲直终将辨别清楚。

初六爻动变得《周易》第十卦：天泽履。

九二爻详解：

九二。不克讼，归而逋，其邑人三百户无眚。

九二：打官司失利，走为上策，跑到只有三百户人家的小国中，在此居住可以避开灾祸。

象曰：不克讼，归而逋也；自下讼上，患至掇也。

《象辞》说：讼事失败，逃窜回家，躲避反讼。处于下位而诉讼上级，败讼而归，祸患是咎由自取。

九二爻动变得《周易》第十二卦：天地否。

六三爻详解：

六三。食旧德，贞厉，终吉。或从王事，无成。

六三：依赖先人遗业过活，吃喝不愁，坚守正道，处处小心防备危险，终究会获得吉祥；但是，如果随从君王做事，谋取利禄，却不会成功。

象曰：食旧德，从上吉也。

《象辞》说：安享着祖上遗留下来的家业，因为六三爻象表明，居于九四之下，只有凭借祖上余荫才获吉利。说明只要顺从上级，则可以获得吉祥的结果。

六三爻动变得《周易》第四十四卦：天风姤。

九四爻详解：

九四。不克讼，复即命，渝，安贞，吉。

九四：打官司失利，经过反思改变了主意，决定不打官司了，安分守己，必然会得到吉利的结果。

象曰：复即命，渝安贞，吉，不失也。

《象辞》说：败讼回家，服从判决，以和为贵，撤回诉状，退出争端不打官司了，说明坚守正道，安分守己就没有什么损失。

九四爻动变得《周易》第五十九卦：风水涣。

九五爻详解：

九五。讼，元吉。

九五：官司得到了公正的判决，大吉大利。

象曰：讼，元吉，以中正也。

《象辞》说：九五之爻居上卦的中位，像人守中正之道。表明此时居于正中地位，得到了大人物的公正判处。

九五爻动变得《周易》第六十四卦：火水未济。

上九爻详解：

上九。或锡之鞶带，终朝三褫之。

上九：或许王侯赐予饰有皮束衣带的华贵衣服，但在一天之内却三次被剥夺。

象曰：以讼受服，亦不足敬也。

《象辞》说：因为打官司获胜而得到赏赐，没有什么可以值得尊敬的。

上九爻动变得《周易》第四十七卦：泽水困。

第七卦　师

师：（兴师动众之卦，天马出群之象）

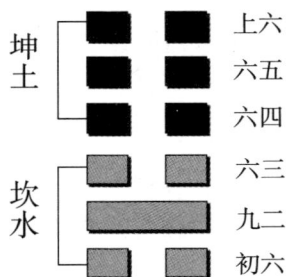

师 卦
地水师

本卦

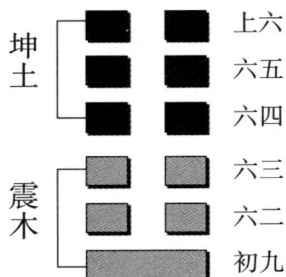

复 卦
地雷复

互卦

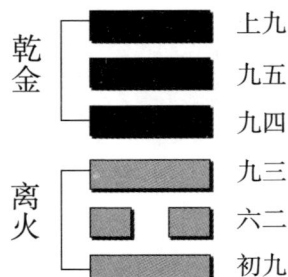

同人卦
天火同人

错卦

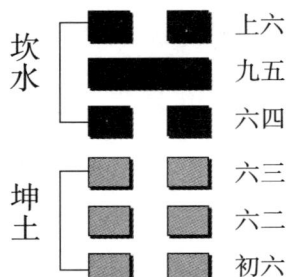

比 卦
水地比

综卦

卦象 师卦上卦为坤、为地、为众，下卦为坎、为水、为险，地中有水，比喻兵来源于民众中，引众凶险则表示战争会带来大量的人口伤亡，表明了战争的残酷；上卦为坤，阴气浊而下沉，喻寓兵凶战危。用兵乃不得已而为之，因为顺乎形势，故名为师。

象曰：地中有水，师。君子以容民畜众。

《象辞》说：地中藏水，这是师卦的卦象。君子观此卦象，取法于容纳江河的大地，收容和养育大众。

师卦的卦象是坎（水）下坤（地）上，地中蕴藏聚集了大量的水，取之不尽，用之不竭，象征兵源充足；君子要像地中藏水一样容纳天下百姓，养育众人，这样才会兵多将广。

古人几乎把战争当作一门艺术来研究，从神灵的意向、天时地利，一直研究到习武练兵、制胜谋略、论功行赏等规则。中国古代兵书的发达，世所罕见，在技术和艺术层面上都堪称一流，由此反思，古人称战争为"王者之事"，早已把它升华成了治国平天下的头等大事。师卦不是专用于敌我关系，也可以用于朋友关系、夫妻关系、商务关系等各种各样的双方关系。

《周易》卦爻辞原文：

师：贞，丈人，吉，无咎。

初六：师出以律，否臧凶。

九二：在师中，吉，无咎，王三锡命。

六三：师或舆尸，凶。

六四：师左次，无咎。

六五：田有禽，利执言，无咎。长子帅师，弟子舆尸，贞凶。

上六：大君有命，开国承家，小人勿用。

"师"象征兵众（师指军队），坚守正道、德高望重、富有经验的长者统帅军队可以得到吉祥，不会有什么灾祸。

初六爻详解：

初六。师出以律，否臧凶。

初六：出师征战必须要有严明的纪律，否则即使是正义之师也会有凶险。

象曰：师出以律，失律凶也。

《象辞》说：出师要严明军纪，没有纪律，心志各异就会藏而有凶。

初六爻动变得《周易》第十九卦：地泽临。

九二爻详解：

九二。在师中，吉无咎，王三锡命。

九二：在军中任统帅，指挥得当，持中不偏，吉祥；君王三次颁令嘉奖，并被委以重任。

象曰：在师中吉，承天宠也，王三锡命，怀万邦也。

《象辞》说：主帅身在军中指挥吉祥，没有过失，因为他上承天子之恩宠。君王三次命令嘉奖，说明其有胸怀万邦之志。

九二爻动变得《周易》第二卦：坤为地。

六三爻详解：

六三。师或舆尸，凶。

六三：出师归来而车上载满尸体，凶险。

象曰：师或舆尸，大无功也。

《象辞》说：出师作战却载尸而归，这是前方吃了败仗，没有任何功绩可言。

六三爻动变得《周易》第四十六卦：地风升。

六四爻详解：

六四。师左次，无咎。

六四：部队驻扎在有利的地方，进可战，退可守，没有灾殃。

象曰：左次无咎，未失常也。

《象辞》说：部队退后在高地上驻扎，说明深通兵法，懂得用兵有进有退的常理。

六四爻动变得《周易》第四十卦：雷水解。

六五爻详解：

六五。田有禽，利执言，无咎。长子帅师，弟子舆尸，贞凶。

六五：打猎时获得猎物，作战中捕获俘虏，没有灾祸。委任德高望重的长者为军中主帅，必将战无不胜，委任无德小人将载尸大败而回，占问的结果是凶险。

象曰：长子帅师，以中行也；弟子舆尸，使不当也。

《象辞》说：委任有德长者统帅军队战无不胜，表明居中持正，行为有法度，必然获胜；委任无德小人将大败而归，说明用人不当，必招致大败，将自食恶果。

六五爻动变得《周易》第二十九卦：坎为水。

上六爻详解：

上六。大君有命，开国承家，小人勿用。

上六：凯旋，天子颁布了诏命，嘉赏功臣，或封为诸侯，或封为上卿，或封为大夫，但小人绝不可以重用。

象曰：大君有命，以正功也；小人勿用，必乱邦也。

《象辞》说：国君颁发封赏功臣的命令，这是论功行赏。不要重用无才无德的小人，因为小人必定覆国乱邦。

上六爻动变得《周易》第四卦：山水蒙。

第八卦　比

比:（众星拱月之卦，水行地上之象）

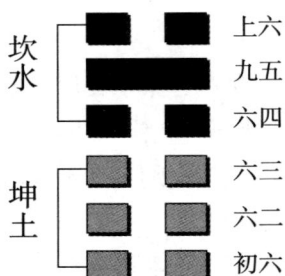

坎
水

上六
九五
六四

坤
土

六三
六二
初六

比　卦

水地比

本卦

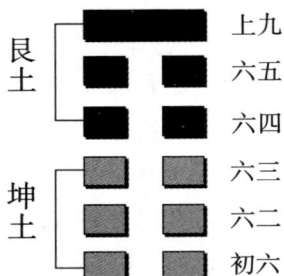

艮
土

上九
六五
六四

坤
土

六三
六二
初六

剥　卦

山地剥

互卦

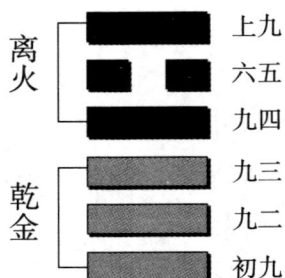

离
火

上九
六五
九四

乾
金

九三
九二
初九

大有卦

火天大有

错卦

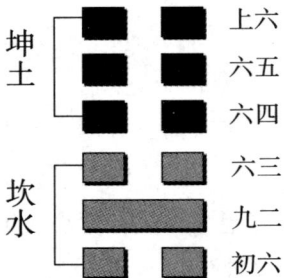

坤
土

上六
六五
六四

坎
水

六三
九二
初六

师　卦

地水师

综卦

卦象 比：水地比，诚信团结；卦象：下坤上坎。坤为地，坎为水。水附大地，地纳河海，泥土有了水便能滋润养育万物，水与地亲密无比。它阐述的是君王要以万民为根基，正确处理好自己与臣下的关系，使臣下亲近自己，从而实现天下和睦相安。大到一个国家，小到一个单位，道理都是如此。

象曰：地上有水，比。先王以建万国，亲诸侯。

《象辞》说：地上有水，这是比卦的卦象。先王观此卦象，取法于水附大地，地纳江河之象，分封万国，亲近诸侯。

《周易》卦爻辞原文：

比：吉。原筮，元永贞，无咎。不宁方来，后夫凶。

初六：有孚比之，无咎。有孚盈缶，终来有他吉。

六二：比之自内，贞吉。

六三：比之匪人。

六四：外比之，贞吉。

九五：显比。王用三驱，失前禽；邑人不诫，吉。

上六：比之无首，凶。

"比"象征亲密无间，团结互助，吉祥。探本求原，再一次卜筮占问，知道要亲近正直的有德行的长者，长久不变地坚守正道，不会有祸害。连不安分的诸侯也来朝贺，少数来得迟的诸侯将有凶险，是因为到了穷途末路才来亲近，已经晚了。

初六爻详解：

初六。有孚比之，元咎。有孚盈缶，终来有他吉。

初六：以诚信之德亲近他人，没有过失。有诚信而像装满酒水的瓦罐，终会有人前来亲附，还会有意外的吉祥。

象曰：比之初六，有他吉也。

《象辞》说：比卦的第一爻位（初六），表示一开始便具有诚信的德行，致使远方来人归附，自然可获吉祥。

初六爻动变得《周易》第三卦：水雷屯。

六二爻详解：

六二。比之自内，贞吉。

六二：与人亲近发自内心，吉兆。

象曰：比之自内，不自失也。

《象辞》说：亲近发自内心，内部亲密无间团结一致，说明没有失去自己的良知。

六二爻动变得《周易》第二十九卦：坎为水。

六三爻详解：

六三。比之匪人。

六三：和行为不端正的人交朋友，而且关系亲密。

象曰：比之匪人，不亦伤乎？

《象辞》说：亲近品德败坏的人，不也会伤害到自己吗？

六三爻动变得《周易》第三十九卦：水山蹇。

六四爻详解：

六四。外比之，贞吉。

六四：在对外交往中互相信任，亲密团结，其结果是吉祥的。

象曰：外比于贤，以从上也。

《象辞》说：在外面亲密团结朋友，辅佐贤君，说明追随品德高尚居于尊位的君主，会有好的结果。

六四爻动变得《周易》第四十五卦：泽地萃。

九五爻详解：

九五。显比。王用三驱，失前禽。邑人不诫，吉。

九五：光明正大地与人亲近。跟随君王去田野围猎，用三面合围的方法狩猎，网开一面，有意让禽兽从放开的一面逃走，狩猎周边的村民不用惊惧。筮遇此爻吉利。

象曰：显比之吉，位正中也。舍逆取顺，失前禽也。邑人不诫，上使中也。

《象辞》说：九五之爻处于上卦中位，像人守中正之道。抛弃逆天行事的举动而顺其自然，就好像围猎时网开一面，让该被擒的落网，不该被擒的逃掉；君王的部下听其自然，不加戒备，这是君王的贤德感化了部下的缘故。

九五爻动变得《周易》第二卦：坤为地。

上六爻详解：

上六。比之无首，凶。

上六：小人朋比为奸，勾心斗角，无法形成一个团结的中心，这是非常危险的事。

象曰：比之无首，无所终也。

《象辞》说：没有可以亲近的首领，就没有好的结局。说明自己没有可以归附的地方，无立足之地。

上六爻动变得《周易》第二十卦：风地观。

第九卦　小畜

小畜：（匣藏宝刀之卦，密云不雨之象）

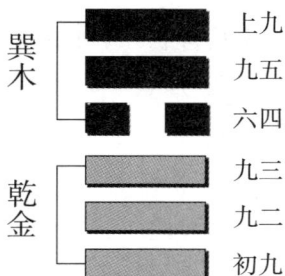

巽木　上九　九五　六四
乾金　九三　九二　初九
小畜卦
风天小畜
本卦

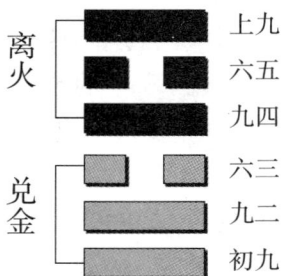

离火　上九　六五　九四
兑金　六三　九二　初九
暌 卦
火泽暌
互卦

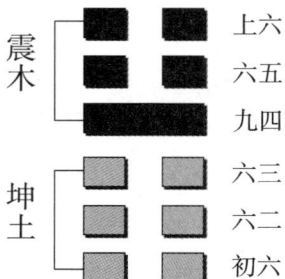

震木　上六　六五　九四
坤土　六三　六二　初六
豫 卦
雷地豫
错卦

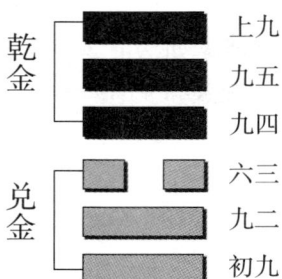

乾金　上九　九五　九四
兑金　六三　九二　初九
履 卦
天泽履
综卦

卦象　小畜：下乾上巽。乾为天，巽为风，喻风调雨顺，谷物滋长，故卦名小畜（蓄）。"密云不雨，自我西郊"，意味着力量有限，须待发展到一定程度，才可大有作为。

象曰：风行天上，小畜。君子以懿文德。

《象辞》说：风在天上吹，密云不雨，说明力量还在积蓄过程中。君子观此卦象，取法催发万物的和风，自励风范，蓄养文明之德。

《象传》说："小畜"的特点是阴柔得其位，上下的阳刚与之相呼应，这样就能一点点完成财富的聚集。它是乾卦和巽卦的结合，既有乾卦的刚健，又有巽卦的中和，加上矢志不移的努力，所以能够亨通。"云自西郊升起"，是说目前力量还没有展开。

《周易》卦爻辞原文：

小畜：亨，密云不雨，自我西郊。

初九：复自道，何其咎？吉。

九二：牵复，吉。

九三：舆脱辐，夫妻反目。

六四：有孚，血去，惕出，无咎。

九五：有孚挛如，富以其邻。

上九：既雨既处，尚德载；妇贞厉。月几望，君子征凶。

"小畜"象征小有积蓄，亨通顺利；天空布满浓密的积云，但还没有下雨，云气是从城西郊区而来。

初九爻详解：

初九。复自道，何其咎？吉。

初九：复归自己的正道，哪里会有什么灾害呢？吉祥。

象曰：复自道，其义吉也。

《象辞》说：主方让自己的行动回复到自己的道路上，不触犯客方利益，其义理当吉祥。

初九爻动变得《周易》第五十七卦：巽为风。

九二爻详解：

九二。牵复，吉。

九二：被牵引着复归正道，吉祥。

象曰：牵复在中，亦不自失也。

《象辞》说：九二之爻处于下卦中位，像人操行中正，不会有错失。比如说，主方有资金、有地位、有权力、有实力、有技术，等等。主方积极主动，而客方消极被动，主方牵引着客方回复到对双方都有利的道路上，这样，也不会给自己造成损失。

九二爻动变得《周易》第三十七卦：风火家人。

九三爻详解：

九三。舆脱辐，夫妻反目。

九三：行在半路上，辐条从车轮中脱出来，不能继续前行，夫妻之间反目成仇。

象曰：夫妻反目，不能正室也。

《象辞》说：夫妻反目成仇，夫妻不同心，家庭就无法兴旺。车辆的车辐脱开了，如同夫妻不和睦了。

九三爻动变得《周易》第六十一卦：风泽中孚。

六四爻详解：

六四。有孚，血去，惕出，无咎。

六四：有诚信，即可免去流血事件，远离惊惧恐怖，没有灾祸。

象曰：有孚惕出，上合志也。

《象辞》说：有诚信可以远离惊惧，是因为与品行高尚的人意志相合。

第四爻是客卦下爻，代表客方行动，阴，表示客方消极被动，比如说，防守、退却、不想冒险、不想探索或开辟新的发展领域、只求保持现状，等等。主方在积极主动的时候，需要"小畜"，有所节制，不损伤客方利益。取得了客方信任，没有冲突，没有恐惧，主方不应当受到怪罪。"血"，指双方冲突造成损失。

六四爻动变得《周易》第一卦：乾为天。

九五爻详解：

九五。有孚挛如，富以其邻。

九五：具有诚信的德行，与别人紧密联系并互相帮助，自己致富也要使邻人跟着一同富裕起来。

象曰：有孚挛如，不独富也。

《象辞》说：以诚信联系他人，串连捆绑，财物与邻邑同享，并非一人独享。

第五爻是客卦中爻，代表客方素质，阳，表示客方素质良好。由于主方"小畜"，节制自己的行为，不损伤客方利益，得到客方信任，客方与主方牵系在一起。依靠客方协助，主方得到富裕。"挛"，互相牵系。

九五爻动变得《周易》第二十六卦：山天大畜。

上九爻详解：

上九。既雨既处，尚德载。妇贞厉。月几望，君子征凶。

上九：久雨新停，恰到好处，如同高尚德行已经满载；妇人要守正以防危险，因为月亮已接近圆满，君子奋动会有凶险。

象曰：既雨既处，德积载也。君子征凶，有所疑也。

《象辞》说：降雨恰到好处，说明德行累积已经满载；妇人要守正以防危险，君子奋动会有凶险，因为对充满危险的旅途缺乏了解。

第六爻是客卦上爻，代表客方态度，阳，表示客方态度强硬。同时，主方态度也强硬，主方与客方有些时候有冲突；"既雨既处"，双方关系应当建立在高尚的道德基础上。

上九爻动变得《周易》第五卦：水天需。

第十卦　履

履:（险中求胜之卦，如履虎尾之象）

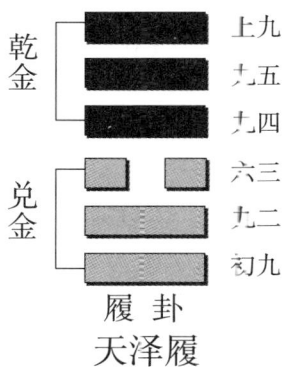

履 卦
天泽履

本卦

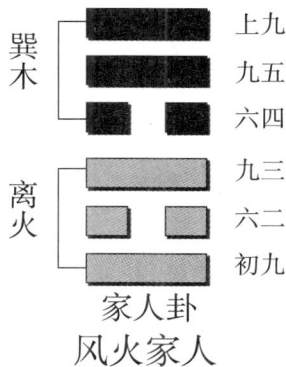

家人卦
风火家人

互卦

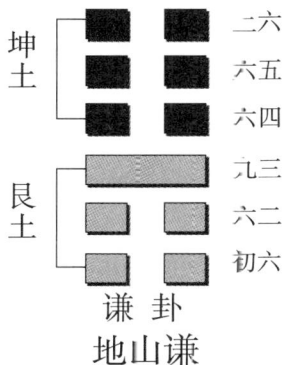

谦 卦
地山谦

错卦

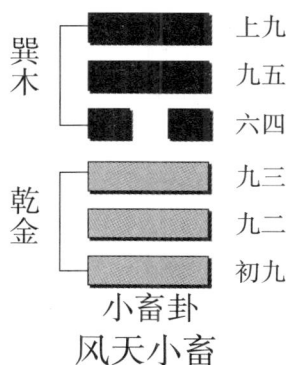

小畜卦
风天小畜

综卦

卦象 履：天泽履，脚踏实地，象征履行；卦象：下兑上乾。乾为天，兑为泽，天在上，泽在下，为上下之正理。以天喻君，以泽喻民，伴君如伴虎，必须要掌握其心理和行为特征小心谨慎地行事，则前途亨通。

象曰：上天下泽，履。君子以辨上下，定民志。

《象辞》说：上天下泽，尊卑显别，这是履卦的卦象。君子观此卦象，从而分辨上下尊卑，使人民安分守己，循规蹈矩，安定天下民心。

履卦讲的是伴随在皇帝身边的为官之道。一般老百姓追求的是富足，君子追求的却是通过为官来实现理想抱负。履卦讲的为官之道也是建立在丰富的实践经验之上的，如此来理解《易经》，就可以知道它并不神秘。《易经》之所以让人觉得晦涩难懂，首先是被解释成的。解释限在单条单句，把它弄得支离破碎，莫名其妙。单爻只是整卦的一部分，单卦只是整部《易经》的一部分，《易经》是作为一个活的大系统存在的，它是开放的，动态的，互相影响的，自动平衡的，就像我们的身体和生活本身。虽然不断有内外的因素对我们的身体造成干扰，但总有常态的轨迹保持着一种稳定的向性使之能恢复健康。在履卦中，这种常态的轨迹就是"素履之往，独行愿也。幽人贞吉，中不自乱也"。它不诉诸武力，而是诉诸情绪的感染和人与人心灵上的相通。

《周易》卦爻辞原文：

履：履虎尾，不咥人，亨。

初九：素履往，无咎。

九二：履道坦坦，幽人贞吉。

六三：眇能视，跛能履；履虎尾，咥人，凶。武人为于大君。

九四：履虎尾，愬愬，终吉。

九五：夬履，贞厉。

上九：视履考祥，其旋元吉。

"履"是阴柔践行阳刚：跟在老虎尾巴后面走路，老虎却没有回头咬人，当然亨通顺利。

初九爻详解：

初九。素履往，无咎。

初九：淡泊名利行事，没有灾祸。

象曰：素履之往，独行愿也。

《象辞》说：以朴素坦白的态度处世实现自己的意愿。"初九"是阳爻，在最下位，象征有才能，却甘心情愿安于低的地位。这是踏步前行的第一步，还不曾被富贵诱惑，仍然本着自己平素的志向前进，所以不会有过失。

初九爻动变得《周易》第六卦：天水讼。

九二爻详解：

九二。履道坦坦，幽人贞吉。

九二：行道之人，安于闲逸恬静的生活，结果是吉祥的。

象曰：幽人贞吉，中不自乱也。

《象辞》说：隐居之人洁身守正，因为他们秉性中正，不被世俗所惑。

九二爻动变得《周易》第二十五卦：天雷无妄。

六三爻详解：

六三。眇能视，跛能履。履虎尾，咥人，凶。武人为于大君。

六三：瞎了眼睛却要看物，跛了脚却要行走，这是勉为其难，犹如踩着虎尾巴，终将为虎所伤，这是凶险之事。这情形犹如武人篡夺国政，同样是凶险之事。

象曰：眇能视，不足以有明也。跛能履，不足以与行也。咥人之凶，位不当也。武人为于大君，志刚也。

《象辞》说：瞎了眼睛却要看物，其视力不足以辨物。跛了脚却要行走，其脚力不足以远行。老虎之所以伤人，因为六三阴爻而居于阳位，是说他没有摆正自己的位置。一介武夫践居君王之位，只懂得用武力统领天下，心志太过刚强，是没有好下场的。

阴爻本性柔弱，阳位性情刚暴；以这种性格，竟然尾随在刚强的"爻"的后面，必然非常危险。就像只有一只眼，能看但看不清楚；跛了一只脚，能走却走不安稳；终于踩到老虎尾巴，以致被咬伤。又像"武人为于大君"，刚愎自用，拥兵自重，心怀不轨，企图叛乱，终于失败，当然凶险。

六三爻动变得《周易》第一卦：乾为天。

九四爻详解：

九四。履虎尾，愬愬，终吉。

九四：跟在老虎尾巴后面走路，感到恐惧害怕，但谨慎小心，终于得到吉祥。

象曰：愬愬终吉，志行也。

《象辞》说：恐惧警惕，终归于吉，说明虽历磨难，但志愿得行。

"愬愬"是恐惧的意思。"九四"也不在中位，阳爻阴位不正，尾随在老虎"九五"的后面，当然危险。不过，前一爻的"六三"，是柔弱却要逞强；相对地，"九四"却是刚强而在柔位，亦即，强而有力，但态度柔顺，戒慎恐惧，因而能够避免伤害，施展抱负，当然吉祥。这一爻，强调戒慎恐惧，以柔制刚的法则。

九四爻动变得《周易》第六十一卦：风泽中孚。

九五爻详解：

九五。夬履，贞厉。

九五：行为急躁莽撞；卜其行事有危险之象。

象曰：夬履贞厉，位正当也。

《象辞》说："位正当也"，是指"夬履"的危险，正在于有才能，又有地位，以致恃才傲物，过于自负。这一爻，告诫刚愎一意孤行的危险性。

九五爻动变得《周易》第三十八卦：火泽睽。

上九爻详解：

上九。视履考祥，其旋元吉。

上九：回头看看走过的路，详细察看一下吉凶祸福，转身来顺应阴柔自然之道，这样是吉祥的。

象曰：元吉在上，大有庆也。

《象辞》说：大吉大利，因为上九之爻居全卦之首。预兆其人将有重大喜庆之事。

"祥"包含祸福两面，"上九"已是履卦的最后阶段，是祸是福，要看实践的结果而定。如果圆满，则是大有福庆。这一爻，告诫成败的评价在结果。

履卦，阐释实践理想，履行责任的原则，以"履虎尾"象征，充满危机感，不可不戒惧。

上九爻动变得《周易》第五十八卦：兑为泽。

第十一卦　泰

泰:（天地交畅之卦，小往大来之象）

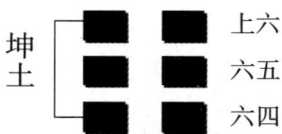
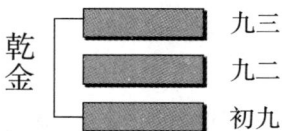

坤
土

乾
金

上六
六五
六四
九三
九二
初九

泰　卦
地天泰

本卦

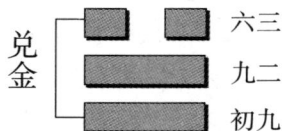

震
木

兑
金

上六
六五
九四
六三
九二
初九

归妹卦
雷泽归妹

互卦

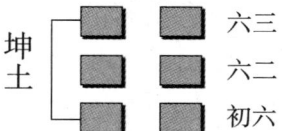

乾
金

坤
土

上九
九五
九四
六三
六二
初六

否　卦
天地否

错卦

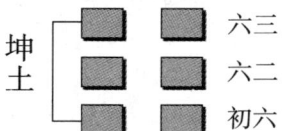

乾
金

坤
土

上九
九五
九四
六三
六二
初六

否　卦
天地否

综卦

卦象 泰：地天泰，象征通泰，平安，应时而变；卦象：下乾上坤。坤为地，乾为天，地在上而天在下，不符合自然规律，但是天上有阳气可以上升，地上有阴气会下降，正好阴阳之气相互沟通，万事万物得以发展，国泰民安。

象曰：天地交，泰。后以财成天地之道，辅相天地之宜，以左右民。

《象辞》说：天气上行，地气下行，天地之气相通，象征"通泰"。君子观此卦象，将"天地相交而通泰"这一自然之象引用于社会，比喻居上位的君主与居下位的百姓经常保持联系，上下一心共同治理国家。

《周易》卦爻辞原文：

泰：小往大来，吉亨。

初九：拔茅茹，以其汇，征吉。

九二：包荒，用冯河，不遐遗，朋亡，得尚于中行。

九三：无平不陂，无往不复。艰贞，无咎。勿恤其孚，于食有福。

六四：翩翩，不富以其邻；不戒以孚。

六五：帝乙归妹，以祉元吉。

上六：城复于隍，勿用师；自邑告命，贞吝。

"泰"象征通达：地气上升，乾气下降，为地气居于乾气之上之表象，阴阳二气一升一降，互相交合，顺畅通达；君主这时要掌握时机，善于裁节调理，以成就天地交合之道，促成天地化生万物之机宜，护佑天下百姓，使他们安居乐业。

初九爻详解：

初九。拔茅茹，以其汇，征吉。

初九：拔起了一把茅草，它们的根相连在一起，真是物以类聚，所以找它时要以其种类而识别，连根拔掉茅草，彻底征服敌人，吉利。

象曰：拔茅征吉，志在外也。

《象辞》说：茅之为物，根茎蔓延，拔之以食，根系相牵，能带动一大片也。故君子所动当思影响之深远，若能一呼而百应则无往不利，是以征吉也。

初九爻动变得《周易》第四十六卦：地风升。

九二爻详解：

九二。包荒，用冯河，不遐遗，朋亡，得尚于中行。

九二：具有包容八荒的胸襟，拥有徒步过河的勇气，不遗忘远方的故友，不结党营私，能够遵循中道而行。

象曰：包荒，得尚于中行，以光大也。

《象辞》说：度量弘大，深得同路人的赏识，能够遵循中道而行，是要开启光明远大的前程。

九二爻动变得《周易》第三十六卦：地火明夷。

九三爻详解：

九三。无平不陂，无往不复。艰贞，无咎。勿恤其孚，于食有福。

九三：人世间有平地，也有坡坡坎坎，有前进，也有退后，只要不畏艰辛，始终努力，就没有什么好后悔的，不要怀疑自己诚信的价值，自然丰衣足食、福禄安康。

象曰：无往不复，天地际也。

《象辞》说：离去必定复返，这是天地间的法则，事物的正反两个方面往往互相转化，表明此时正在天地交合的边沿，处于变化之中。

九三爻动变得《周易》第十九卦：地泽临。

六四爻详解：

六四。翩翩，不富以其邻；不戒以孚。

六四：轻装前进，不富裕却能帮助邻里，不用告诫而有诚信，是因为自身有此愿望。

象曰：翩翩不富，皆失实也；不戒以孚，中心愿也。

《象辞》说：翩翩，飞上飞下，浮夸而不实也。做事不诚恳，就建立不起信任关系。因此当戒其孚，殷实而为，才能得到他人帮助而志向得以实现。

六四爻动变得《周易》第三十四卦：雷天大壮。

六五爻详解：

六五。帝乙归妹，以祉元吉。

六五：商代帝王乙嫁出自己的女儿，因此得到了福分，是十分吉祥的事。

象曰：以祉元吉，中以行愿也。

《象辞》说：得福大吉，因为六五之爻居上卦中位，像人行事得中正之道，所行必遂。

六五爻动变得《周易》第五卦：水天需。

上六爻详解：

上六。城复于隍，勿用师。自邑告命，贞吝。

上六：城墙倒塌在久已干涸的护城壕沟里，这时绝不可进行战争，应减少烦琐的政令，在自己的城邑内祷告天命，坚守正道可以避免遗憾。

象曰：城复于隍，其命乱也。

《象辞》说：城墙攻破倒塌在护城壕里（本应乘势攻击，反命停止进攻），这是邑中传来的命令错乱了。说明形势已经向错乱不利的方面转化，其前景不大美妙。

上六爻动变得《周易》第二十六卦：山天大畜。

第十二卦　否

否:（上下不和之卦，天地不交之象）

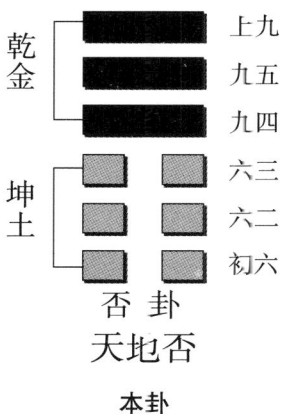

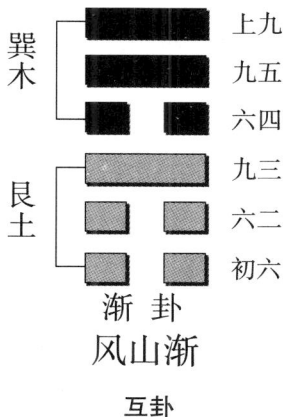

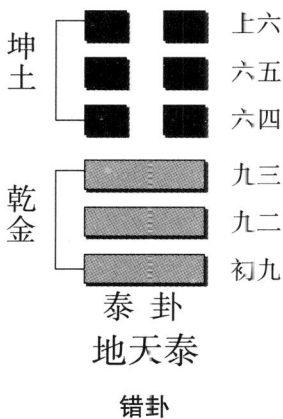

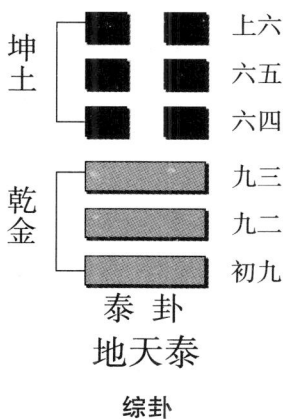

乾金　上九 九五 九四
坤土　六三 六二 初六
否卦
天地否
本卦

巽木　上九 九五 六四
艮土　九三 六二 初六
渐卦
风山渐
互卦

坤土　上六 六五 六四
乾金　九三 九二 初九
泰卦
地天泰
错卦

坤土　上六 六五 六四
乾金　九三 九二 初九
泰卦
地天泰
综卦

卦象 否：天地否，不交不通，象征闭塞不通；卦象：下坤上乾。同泰卦相反，系阳气上升，阴气下降，天地不交，万物生养不得畅通。但万事万物，皆对立、转化，盛极必衰，衰而转盛，故应时而变者泰（通），表明泰极而否，否极泰来，互为因果。

象曰：天地不交，否。君子以俭德辟难，不可荣以禄。

《象辞》说：天在极高之处，地在极低之处，天地隔阂不能交感，时势闭塞不能畅通，这是否卦的卦象。君子观此卦象，从而在国家政治否塞之时，以节俭为德而避开危难，不可追求荣华而谋取禄位。

《周易》卦爻辞原文：

否：否之匪人，不利君子，贞；大往小来。

初六：拔茅茹，以其汇，贞吉，亨。

六二：包承，小人吉，大人否，亨。

六三：包羞。

九四：有命无咎，畴离祉。

九五：休否，大人吉；其亡其亡，系于苞桑。

上九：倾否，先否后喜。

"否"象征闭塞：一个封闭的社会，人们之间的来往是不通畅的，天下没有便利之处，君子必须坚守正道；这时强大者离去，弱小者到来。

初六爻详解：

初六。拔茅茹，以其汇，贞吉，亨。

初六：拔一根茅草而草根系连而出，是因为草根聚集在一起，正固吉祥，亨通。

象曰：拔茅贞吉，志在君也。

《象辞》说：茅之为物，根系相牵，能带动一大片也。故一举一动不可不慎，若能顾及周邻感受，其义中贞、吉利、亨通。如能以此心图事，不失君子之风，不失行事之风。

初六爻动变得《周易》第二十五卦：天雷无妄。

六二爻详解：

六二。包承，小人吉，大人否，亨。

六二：厨中有肉，这对老百姓来说是吉利，对贵族来说并不是通泰的表现。

象曰：大人否，亨，不乱群也。

《象辞》说：大人虽然身处窘境，但仍然能够亨通，是因为不与杂乱的小人为群。

六二爻动变得《周易》第六卦：天水讼。

六三爻详解：

六三。包羞。

六三：由于受纵容而胡作非为，终于招致羞辱。

象曰：包羞，位不当也。

《象辞》说：心怀羞愧，因为才德不称其位。说明此时处的位置不正。

六三爻动变得《周易》第三十三卦：天山遁。

九四爻详解：

九四。有命无咎，畴离祉。

九四：奉行天命，替天行道，没有灾祸，大家互相依附都可以获得福分。

象曰：有命无咎，志行也。

《象辞》说：奉行君王之命，没有灾害，说明君王论功行赏，臣下尽职效力，各行其志。

"有命无咎"。由于双方利益是紧密缠绕在一起的，主方顺从客方，能够分享一些利益，所以爻辞说"畴离祉"。

九四爻动变得《周易》第二十卦：风地观。

九五爻详解：

九五。休否，大人吉；其亡其亡，系于苞桑。

九五：时世闭塞不通的局面将要停止，大人吉祥。若时常心存警戒，忧国忧民，就会像系缚在茂盛的桑树上那样牢固。

象曰：大人之吉，位正当也。

《象辞》说：九五爻辞讲贵族王公安而不忘危，存而不忘乱，则吉利。因为九五之爻居上卦中位，说明此时处于居中位置，才德正当其位。

九五爻动变得《周易》第三十五卦：火地晋。

上九爻详解：

上九。倾否，先否后喜。

上九：时事发生了天翻地覆的变化，起初闭塞不通，后来顺畅通达，大家先悲后喜。

象曰：否终则倾，何可长也。

《象辞》说：闭塞到了极点必然要发生倾覆，物极必反，否极泰来，一种局面不会长久持续而不产生变化。

上九爻动变得《周易》第四十五卦：泽地萃。

第十三卦　同人

同人：（同心司德之卦，天光下临之象）

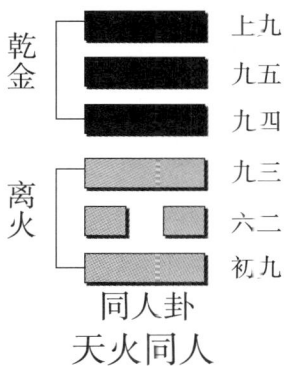

乾金　上九　九五　九四
离火　九三　六二　初九

同人卦
天火同人

本卦

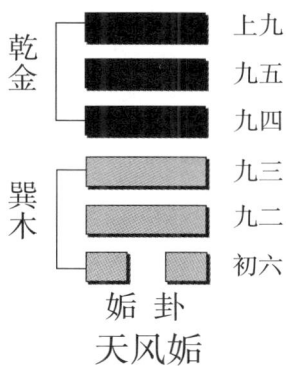

乾金　上九　九五　九四
巽木　九三　九二　初六

姤卦
天风姤

互卦

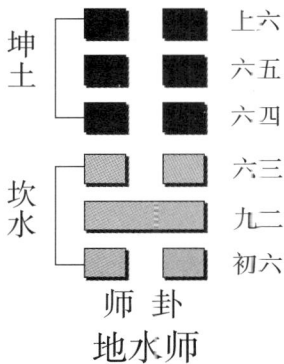

坤土　上六　六五　六四
坎水　六三　九二　初六

师卦
地水师

错卦

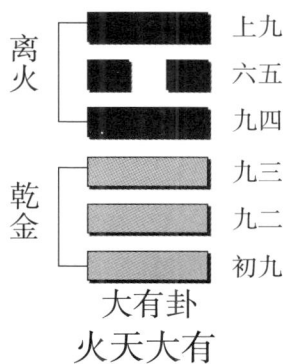

离火　上九　六五　九四
乾金　九三　九二　初九

大有卦
火天大有

综卦

卦象 同人：天火同人，象征大家同心同德之意；卦象：下离上乾。乾为天，为君；离为火，为臣民百姓；火光上升，即天与火相亲和，君王居高临下，洞察民情，所行皆得体，群贤毕集，团结一致，无坚不摧。

象曰：天与火，同人；君子以类族辨物。

《象辞》说：天下有火之表象。天在高处，火势熊熊而上，天与火亲和相处，君子要明白物以类聚、人以群分的道理，明辨事物，求同存异，团结众人以治理天下。

《周易》卦爻辞原文：

同人：同人于野，亨。利涉大川，利君子贞。

初九：同人于门，无咎。

六二：同人于宗，吝。

九三：伏戎于莽，升其高陵，三岁不兴。

九四：乘其墉，弗克攻，吉。

九五：同人，先号咷而后笑。大师克相遇。

上九：同人于郊，无悔。

"同人"象征与人和睦相处：和志同道合的人亲密地走在宽广的原野上，亨通。有利于渡过大河急流，有利于君子坚守正道。

初九爻详解：

初九。同人于门，无咎。

初九：一出门便能与人和睦相处，不会有什么灾祸。

象曰：出门同人，又谁咎也。

《象辞》说：出门在外与国人打成一片，谁又会遭受灾祸呢？

初九爻动变得《周易》第三十三卦：天山遁。

六二爻详解：

六二。同人于宗，吝。

六二：只和本宗本派的人和睦相处，必然会惹来一些麻烦。

象曰：同人于宗，吝道也。

《象辞》说：仅仅聚同族于宗庙，这是狭隘的宗法原则。不能团结各个阶层的人，这是引起麻烦的根源。

六二爻动变得《周易》第一卦：乾为天。

九三爻详解：

九三。伏戎于莽，升其高陵，三岁不兴。

九三：把军队埋伏在密林草莽之中，占据附近的制高点频频瞭望，三年都不敢出兵打仗。

象曰：伏戎于莽，敌刚也，三岁不兴，安行也。

《象辞》说："埋伏军队在密林草莽中"，说明敌人力量强大，我方力量弱小，只能潜伏下来。"三年都不敢兴兵打仗"，表明敌我力量相差悬殊，是安全稳妥的行为。

九三爻动变得《周易》第二十五卦：天雷无妄。

九四爻详解：

九四。乘其墉，弗克攻，吉。

九四：登上了敌人的城墙，不去攻占城池，吉祥。

象曰：乘其墉，义弗克也，其吉，则困而反则也。

《象辞》说：登上了敌人的城墙，为了道义，不去攻占城池，这种做法之所以吉祥，是因为让对方受困，在困惑时能及时醒悟，返回到正确的法则上。

九四爻动变得《周易》第三十七卦：风火家人。

九五爻详解：

九五。同人，先号啕而后笑，大师克相遇。

九五：聚集起来的大众先哭号后欢笑，因为大军及时增援，大获全胜。

象曰：同人之先，以中直也。大师相遇，言相克也。

《象辞》说：聚集起来的大众之所以先哭后笑（战斗转败为胜），因为筮遇此爻，九五居上卦之中位，像人得贞正之道，势必化凶为吉。大军会师，是说我军压倒了敌人。

这里的"师"是比喻，是指主客双方的联盟，例如商业联盟，外交联盟，朋友之间的结盟，等等，不宜狭义地解读为作战部队。

九五爻动变得《周易》第三十卦：离为火。

上九爻详解：

上九。同人于郊，无悔。

上九：聚众于郊外，致祭于神灵祝贺胜利，自然没有悔咎。

象曰：同人于郊，志未得也。

《象辞》说：在荒郊也愿与人和睦相处，团结众人，说明天下大同的愿望尚未得以实现。

上九爻动变得《周易》第四十九卦：泽火革。

第十四卦　大有

大有：（金玉满堂之象，日丽中天之象）

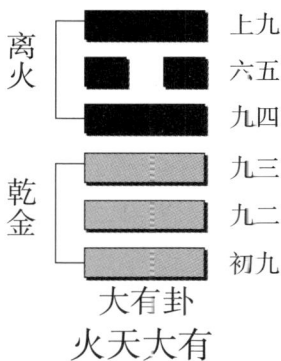

离火

乾金

上九
六五
九四
九三
九二
初九

大有卦

火天大有

本卦

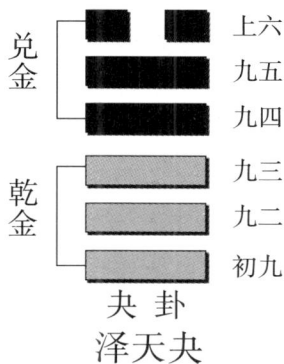

兑金

乾金

上六
九五
九四
九三
九二
初九

夬卦

泽天夬

互卦

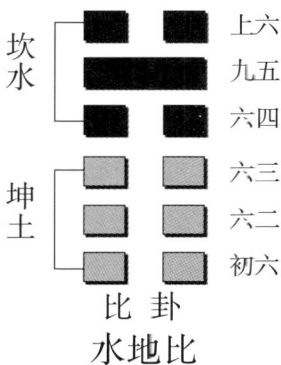

坎水

坤土

上六
九五
六四
六三
六二
初六

比卦

水地比

错卦

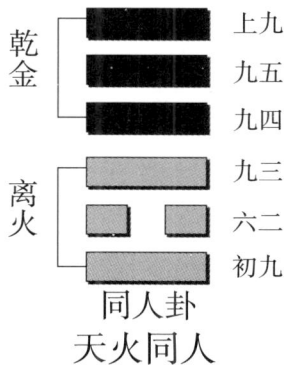

乾金

离火

上九
九五
九四
九三
六二
初九

同人卦

天火同人

综卦

卦象 大有：火天大有，顺天依时，象征大有收获；卦象：下乾上离。离为火，乾为天，火焰高悬天上，即太阳当空照耀，普照万物，大地五谷丰登，万民归顺，顺天依时，大有所成。

象曰：火在天上，大有。君子以遏恶扬善，顺天休命。

《象辞》说：火在天上，明烛四方，象征太阳普照万物，这是大有的卦象。君子观此卦象，效法太阳照耀万物的精神，止恶扬善，顺应天道，维护社会和谐稳定。

《周易》卦爻辞原文：

大有：元亨。

初九：无交害，匪咎，艰则无咎。

九二：大车以载，有攸往，无咎。

九三：公用亨于天子，小人弗克。

九四：匪其彭，无咎。

六五：厥孚交如，威如，吉。

上九：自天佑之，吉无不利。

"大有"象征大有收获：至为亨通。

初九爻详解：

初九。无交害，匪咎，艰则无咎。

初九：不结交有害之人，就不会有过失。能保持坚贞不渝的本色，就没有灾祸。

象曰：大有初九，无交害也。

《象辞》说：没有滥交朋友，就不会有什么是非。

初九爻动变得《周易》第五十卦：火风鼎。

九二爻详解:

九二。大车以载,有攸往,无咎。

九二:用大车装物载人,有明确的目的地,载量适中,没有灾祸。

象曰:大车以载,积中不败也。

《象辞》说:用大车装物载人,说明很富有,物积于车中不会散失,载量适中,无论怎样颠簸震荡,都不会倾覆。

九二爻动变得《周易》第三十卦:离为火。

九三爻详解:

九三。公用亨于天子,小人弗克。

九三:王公前来朝贺,向天子贡献礼品并致以敬意,享用天子所赐的宴席,小人则不能。

象曰:公用亨于天子,小人害也。

《象辞》说:天子宴请公侯,(小人不能参与)因为小人参与国政,将是国家的祸害。

九三爻动变得《周易》第三十八卦:火泽睽。

九四爻详解:

九四。匪其彭,无咎。

九四:虽然家财万贯,但不会自我膨胀,就不会发生灾祸。

象曰:匪其彭,无咎,明辨晢也。

《象辞》说:彭在古代是种乐器,表示膨胀、澎湃。意思是说,不要和彭这种乐器一样,把声音喧哗得到处都是,让别人都知道你的财富有多少。说明智慧过人能明辨是非,懂得凡事不能做过头的哲理。

九四爻动变得《周易》第二十六卦:山天大畜。

六五爻详解：

六五。厥孚交如，威如，吉。

六五：以诚实守信的准则对外交往，对上尊敬，对下怀柔，必然增加个人的威信，是吉祥的。

象曰：厥孚交如，信以发志也；威如之吉，易而无备也。

《象辞》说：至诚相交，说明能以诚信引发人的心志；身有正气，不言自威，充满威严的吉祥，平易近人而不用防备。

六五爻动变得《周易》第一卦：乾为天。

上九爻详解：

上九。自天祐之，吉无不利。

上九：吉人自有天相，无所不顺利。

象曰：大有上吉，自天祐也。

《象辞》说：大有卦上九是大吉大利之爻，因为得到上天的保佑。

上九爻动变得《周易》第三十四卦：雷天大壮。

第十五卦　谦

谦：（虚怀若谷之卦，地中有山之象）

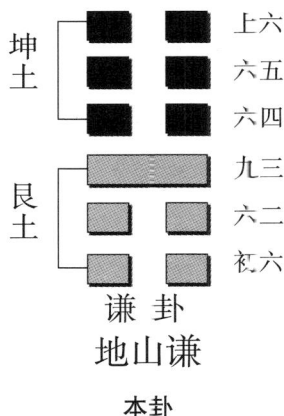

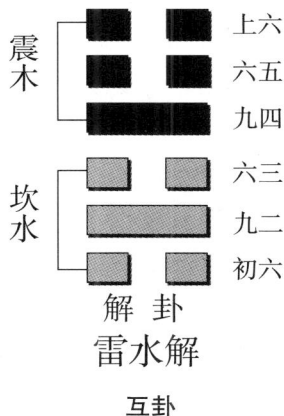

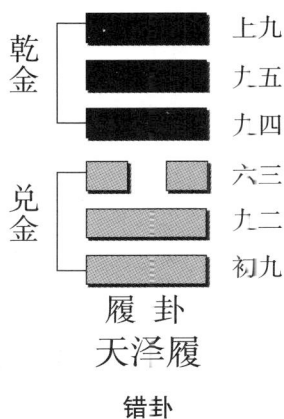

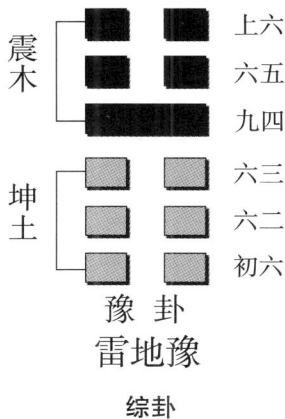

坤土　　　上六
　　　　　六五
　　　　　六四

艮土　　　九三
　　　　　六二
　　　　　初六

谦 卦
地山谦
本卦

震木　　　上六
　　　　　六五
　　　　　九四

坎水　　　六三
　　　　　九二
　　　　　初六

解 卦
雷水解
互卦

乾金　　　上九
　　　　　九五
　　　　　九四

兑金　　　六三
　　　　　九二
　　　　　初九

履 卦
天泽履
错卦

震木　　　上六
　　　　　六五
　　　　　九四

坤土　　　六三
　　　　　六二
　　　　　初六

豫 卦
雷地豫
综卦

卦象 谦：地山谦，象征谦虚；卦象：下艮上坤。艮为山，坤为地。地上有山，地卑（低）而山高，是为内高外低，比喻功高不自居，名高不自誉，是谦虚之象。天不言自高，地不言自厚，谦虚之人从来不贬低别人，也从来不拔高自己，不事张扬，宽容有度，看似降低了自己，其实使自身的人格得到升华，而得到人们从心底的尊敬。

象曰：地中有山，谦。君子以哀多益寡，称物平施。

《象辞》说：高山隐藏于地中之表象，象征高才美德隐藏于心中而不外露，所以称作谦。君子总是损多益少，衡量各种事物，然后取长补短，使其平均。

《周易》卦爻辞原文：

谦：亨，君子有终。

初六：谦谦君子，用涉大川，吉。

六二：鸣谦，贞吉。

九三：劳谦，君子有终，吉。

六四：无不利，㧑谦。

六五：不富，以其邻，利用侵伐，无不利。

上六：鸣谦，利用行师，征邑国。

"谦"象征谦虚：谦虚的美德可以使百事顺利，但谦虚并不是人人都能坚持下去的，而只有君子才能坚持到底。

初六爻详解：

初六。谦谦君子，用涉大川，吉。

初六：谦让，再谦让，这才是君子的风度。具有这种品德之人，利涉大川，做什么事都会吉利。

象曰：谦谦君子，卑以自牧也。

《象辞》说：十分谦让的君子，就是从谦让入手进行自我修养。即使处于卑微的地位，也能以谦虚的态度自我约束，而不因为位卑，就在品德方面放松修养。

初六爻动变得《周易》第三十六卦：地火明夷。

六二爻详解：

六二。鸣谦，贞吉。

六二：明智而谦让，卜问得吉兆。

象曰：鸣谦贞吉，中心得也。

《象辞》说：为六二之爻居下卦中位，像人守中正之道。这是说六二爻以心中纯正赢得名声，而不是靠沽名钓誉获取名声。

六二爻动变得《周易》第四十六卦：地风升。

九三爻详解：

九三。劳谦，君子有终，吉。

九三：勤劳而谦让，这样的人将有好结果，凡事吉利。

象曰：劳谦君子，万民服也。

《象辞》说：勤劳而谦让的君子，必能把美德保持到底，必然得到万民敬服。

九三爻动变得《周易》第二卦：坤为地。

六四爻详解：

六四。无不利，撝谦。

六四：无所不利，只要奋勇直前而又谦虚谨慎。

象曰：无不利，撝谦，不违则也。

《象辞》说：没有任何不吉利，要发扬光大谦虚的美德。这不违背谦虚导致亨通的原则。

六四爻动变得《周易》第六十二卦：雷山小过。

六五爻详解：

六五。不富，以其邻，利用侵伐，无不利。

六五：虽不富有，但却虚怀若谷，有利于和近邻一起征伐那些骄傲蛮横不可一世的人，不会有任何不吉利的结果。

象曰：利用侵伐，征不服也。

《象辞》说：筮遇此爻有利于征战讨伐，因为是征讨那些狂悖之徒，骄横而不可一世之人。

六五爻动变得《周易》第三十九卦：水山蹇。

上六爻详解：

上六。鸣谦，利用行师，征邑国。

上六：明智而谦让，出兵征伐邑国自然获胜。

象曰：鸣谦，志未得也；可用行师，征邑国也。

《象辞》说：明智而谦让，尚不能感化邑国得行其志，就可以出兵征讨邑国，惩处那些骄横不可一世的小国。

上六爻动变得《周易》第五十二卦：艮为山。

第十六卦　豫

豫:（万物发荣之卦，雷鸣大地之象）

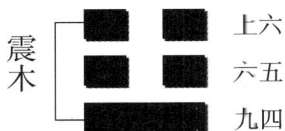

震木　上六　六五　九四

坤土　六三　六二　初六

豫　卦
雷地豫

本卦

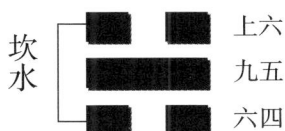

坎水　上六　九五　六四

艮土　九三　六二　初六

蹇　卦
水山蹇

互卦

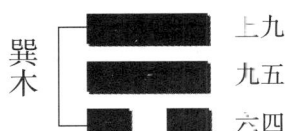

巽木　上九　九五　六四

乾金　九三　九二　初九

小畜卦
风天小畜

错卦

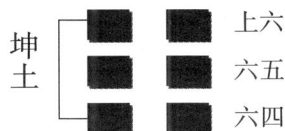

坤土　上六　六五　六四

艮土　九三　六二　初六

谦　卦
地山谦

综卦

卦象 豫：雷地豫，顺时依势，象征和乐，喜悦；卦象：下坤上震。坤为地，为顺；震为雷，为动。雷依时出，预示春回大地，因顺而动，和乐之源。故豫象征愉快、欢乐、喜悦。春天来临，大地振奋，此时利于建功立业。

象曰：雷出地奋，豫。先王以作乐崇德，殷荐之上帝，以配祖考。

《象辞》说：春雷轰鸣，大地震动，催发万物，这是豫卦的卦象。上古圣明的君主，取法于声满大地的雷鸣，创造了音乐，并用音乐来歌功颂德，把盛大隆重的仪礼和音乐献给天帝，并用来祭祀自己的祖先。

《周易》卦爻辞原文：
豫：利建侯行师。
初六：鸣豫，凶。
六二：介于石，不终日，贞吉。
六三：盱豫，悔；迟，有悔。
九四：由豫，大有得。勿疑，朋盍簪。
六五：贞疾，恒不死。
上六：冥豫，成；有渝，无咎。

"豫"象征欢乐愉快，有利于建立诸侯的伟大功业，有利于出师南征北战。

初六爻详解：
初六。鸣豫，凶。
初六：自鸣得意，高兴过了头，结果乐极生悲，必遭凶险。
象曰：初六鸣豫，志穷凶也。

《象辞》说：津津乐道于荒淫享乐，其人意志必消退，满足现状，得意忘形，结果必遭凶险。

初六爻动变得《周易》第五十一卦：震为雷。

六二爻详解：

六二。介于石，不终日，贞吉。

六二：正直而不同流合污的品德坚如磐石，每天警戒自己不要耽于安逸，守正不斜，必获吉祥。

象曰：不终日，贞吉，以中正也。

《象辞》说：六二之爻居下卦中位，像人得中正之道。居中守正，因而获得吉祥。

六二爻动变得《周易》第四十卦：雷水解。

六三爻详解：

六三。盱豫，悔。迟，有悔。

六三：贪慕安逸，将招致后悔；若迟迟不改，懈怠大意，那就后悔莫及。

象曰：盱豫有悔，位不当也。

《象辞》说：六三之爻居于阳位，是处置不当，像人之行事与所处地位不相称。用谄媚奉承的手段取悦于上司，以求得到好处，这势必导致悔恨。

六三爻动变得《周易》第六十二卦：雷山小过。

九四爻详解：

九四。由豫，大有得。勿疑，朋盍簪。

九四：人们由于他而得到欢乐愉快，大有所获；毋庸置疑，朋友们会像头发汇聚于簪子一样，积聚在他周围。

象曰：由豫大有得。志大行也。

《象辞》说：田猎取乐，大获鸟兽，表明九四爻的阳刚之志，可以放手实现。

九四爻动变得《周易》第二卦：坤为地。

六五爻详解：

六五。贞疾，恒不死。

六五：国中出现了不少弊病，但仍能长时间地支持下去而不致灭亡。

象曰：六五贞疾，乘刚也。恒不死，中未亡也。

《象辞》说：六五之爻居于上卦中位，正当不死之象。"国中出现了不少弊病"，但有刚强之臣辅佐，"仍能长时间地支持下去而不致灭亡"，这是因为它居中，只要保持中庸，就会长时间地坚持下去而不至于灭亡。

六五爻动变得《周易》第四十五卦：泽地萃。

上六爻详解：

上六。冥豫，成；有渝，无咎。

上六：末日将至尚且享乐，已成之事也将毁败。若能改变，则无灾殃。

象曰：冥豫在上，何可长也。

《象辞》说："已处在天昏地暗的局面之中，但却执迷不悟，仍沉溺于寻欢作乐之中"，并高高在上，不察下情，这样的欢乐愉快怎能长久地保持呢？

上六爻动变得《周易》第三十五卦：火地晋。

第十七卦　随

随:（良工琢玉之卦，雷动水随之象）

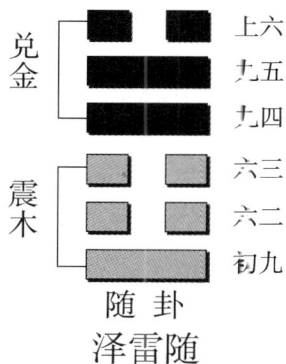

兑
金

震
木

		上六
		九五
		九四
		六三
		六二
		初九

随　卦
泽雷随

本卦

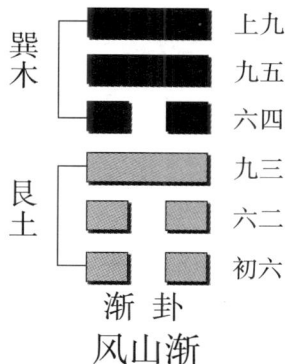

巽
木

艮
土

		上九
		九五
		六四
		九三
		六二
		初六

渐　卦
风山渐

互卦

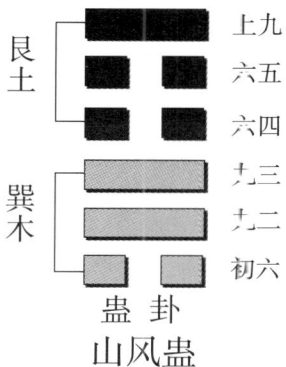

艮
土

巽
木

		上九
		六五
		六四
		九三
		九二
		初六

蛊　卦
山风蛊

错卦

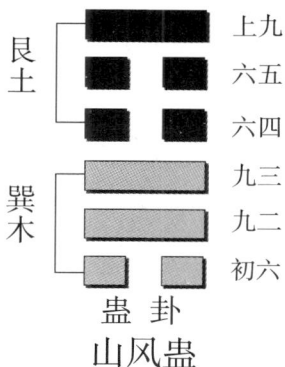

艮
土

巽
木

		上九
		六五
		六四
		九三
		九二
		初六

蛊　卦
山风蛊

综卦

卦象 随：为泽中有雷之表象。泽中有雷声，泽随从雷声而震动，这便象征随从。雷本是奔腾咆哮难拘难系之物，今则偃旗息鼓伏于大泽之中，为时之必然。日落黄昏之后，鱼止渊、鸟归林，藏伏休息，游乐也停止下来，是万物动静规律。道物运化如此，人事行为如此，万事万物无不如此，因时而出，因时而入，春夏秋冬，寒来暑往，动静随时故为随。

象曰：泽中有雷，随。君子以向晦入宴息。

《象辞》说：雷入泽中，大地寒凝，万物蛰伏，是随卦的卦象。君子观此卦象，取法于随天时而沉寂的雷声，日出而作，日落而息。

圣人将此延伸到普遍的相随之道上，人和人之间有跟随也有被跟随，民众和君王之间也要相互跟随，再上升到国家政策和思想的层面，比如今人继承前人的思想，沿袭以前的政治制度等。在跟随的过程中，存在着正与不正的问题，有的坚定不移，有的摇摆不定，有的跟随正道得吉，有的跟随邪道获凶。

《周易》卦爻辞原文：

随：元亨利贞，无咎。

初九：官有渝，贞吉；出门交有功。

六二：系小子，失丈夫。

六三：系丈夫，失小子。随有求得，利居贞。

九四：随有获，贞凶；有孚在道，以明，何咎？

九五：孚于嘉，吉。

上六：拘系之，乃从，维之；王用亨于西山。

"随"象征随从、随和：如果随从、随和，便能始终亨通，和谐有利。固守正道，没有任何危险。

初九爻详解：

初九。官有渝，贞吉，出门交有功。

初九：职位（服务的对象）发生了变化，坚守正道会有吉祥，出门交友，容易立功。

象曰：官有渝，从正吉也；出门交有功，不失也。

《象辞》说："思想随时代而变化"，但无论怎么变，都必然始终遵从正道，这样就可以获得吉祥。"出门交朋友，一定能成功"。这是因为其唯正是从，见善则从，没有过失的缘故。

初九爻动变得《周易》第四十五卦：泽地萃。

六二爻详解：

六二。系小子，失丈夫。

六二：倾心随从于年轻小子，则会失去了阳刚方正的丈夫。

象曰：系小子，弗兼与也。

《象辞》说：抓住了小的，跑了大的，因为二者是互相排斥，不可兼得的。

六二爻动变得《周易》第五十八卦：兑为泽。

六三爻详解：

六三。系丈夫，失小子。随有求得，利居贞。

六三：随从阳刚方正的丈夫行事，则必然丢失年轻小子。随从于丈夫，有求必得，有利于安居乐业，坚守妇道，贞节处世。

象曰：系丈夫，志舍下也。

《象辞》说：心系阳刚丈夫，其志在于追逐大的，舍弃小的。

六三爻动变得《周易》第四十九卦：泽火革。

九四爻详解：

九四。随有获，贞凶。有孚在道，以明，何咎？

九四：追名逐利，贪多务获，卜问得凶兆。有诚信而践行正道，且能明察是非，没有灾难。

象曰：随有获，其义凶也。有孚在道，明功也。

《象辞》说："他人追随自己，虽有收获"，但因居位不当，有"震主"之嫌，所以可能有凶险。但只要"心存诚信，不违正道"，则可逢凶化吉，这是由于立身光明磊落所带来的功效。

九四爻动变得《周易》第三卦：水雷屯。

九五爻详解：

九五。孚于嘉，吉。

九五：诚信建立在美善之上，可获吉祥。

象曰：孚于嘉吉，位正中也。

《象辞》说：信守中正之道，诸事吉利，因为九五之爻居上卦中位，像人守中正之道。

九五爻动变得《周易》第五十一卦：震为雷。

上六爻详解：

上六。拘系之，乃从，维之。王用亨于西山。

上六：将俘虏拘禁起来，然后释放他，感化他，君王启用他在西山设祭。

象曰：拘系之，上穷也。

《象辞》说："只有拘禁起来强迫、命令他，他才不得不顺服追随"，上六居一卦之尽头，像人处于穷困之境地。

上六爻动变得《周易》第二十五卦：天雷无妄。

第十八卦　蛊

蛊：（物腐虫生之卦，三虫食血之象）

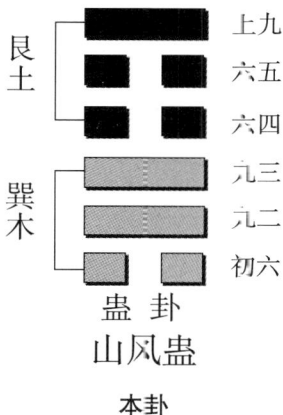

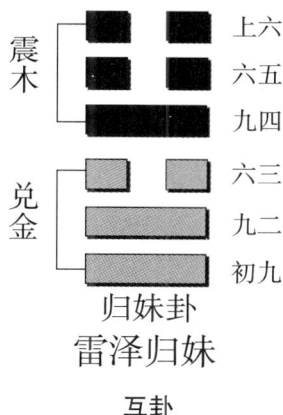

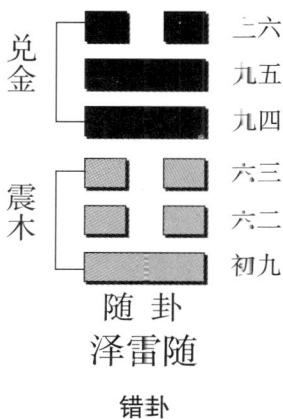

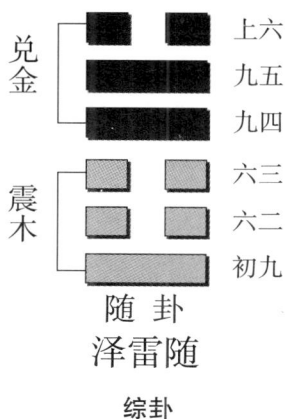

艮土

	上九
	六五
	六四

巽木

	九三
	九二
	初六

蛊　卦
山风蛊

本卦

震木

	上六
	六五
	九四

兑金

	六三
	九二
	初九

归妹卦
雷泽归妹

互卦

兑金

	二六
	九五
	九四

震木

	六三
	六二
	初九

随　卦
泽雷随

错卦

兑金

	上六
	九五
	九四

震木

	六三
	六二
	初九

随　卦
泽雷随

综卦

卦象 蛊：山风蛊，振疲起衰；卦象：下巽上艮。巽为风，艮为山。山下有风，风遇山则回，万物散乱，是多事、混乱之象。所以蛊就象征惩弊治乱，警示我们要反省自身，考虑目前的状况，再来制定措施，这样才能解决问题。

象曰：山下有风，蛊。君子以振民育德。

《象辞》说：贤人如山居于上，宣布德教施于下，所谓山下有风，这是巽卦的卦象。君子观此卦象，取法于吹拂万物的风，从而建立新秩序，振奋民心，施行德教。

蛊本义是人工养的一种毒虫。古人认为蛊有毒害仇人的魔力，往往用某种秘密的手段行使。蛊大行天下之日，也就是社会失去了规范的大乱之日。卦名蛊，实际上讲的是治蛊之道，特别是下猛药治蛊以后怎么办，因为治蛊易，治自身毒难。

《周易》卦爻辞原文：

蛊：元亨，利涉大川。先甲三日，后甲三日。

初六：干父之蛊，有子，考无咎；厉，终吉。

九二：干母之蛊，不可贞。

九三：干父之蛊，小有悔，无大咎。

六四：裕父之蛊，往见吝。

六五：干父之蛊，用誉。

上九：不事王侯，高尚其事。

"蛊"象征救弊治乱，拨乱反正。从开始就很亨通，有利于涉越大河。不过，在做大事以前，要考察现状、分析事态；在做大事以后，要讲究治理措施，预计到后果。

初六爻详解：

初六。干父之蛊，有子，考无咎。厉，终吉。

初六：挽救父辈所败坏了的基业，由能干的儿子来继承父辈的事业，必无危害；即使遇到艰难险阻，只要努力奋斗，最终必获吉祥。

象曰：干父之蛊，意承考也。

《象辞》说："挽救父辈所败坏了的基业"，表明其志在继承父辈的遗业。

初六爻动变得《周易》第二十六卦：山天大畜。

九二爻详解：

九二。干母之蛊，不可贞。

九二：救治母辈所造成的弊病，要耐心等待，如果时机不成熟的话，就要坚守正道等待时机。

象曰：干母之蛊，得中道也。

《象辞》说：九二处下卦中位，爻象显示其人得中正之道。"救治母辈所造成的弊病"，刚柔适中，既要顺应，又要匡救，不可偏颇。

九二爻动变得《周易》第五十二卦：艮为山。

九三爻详解：

九三。干父之蛊，小有悔，无大咎。

九三：要挽救父辈败坏了的基业，其间必发生失误，因而会产生懊悔，但不会有大的危害。

象曰：干父之蛊，终无咎也。

《象辞》说：继承父业，最终不会有祸害。

九三爻动变得《周易》第四卦：山水蒙。

六四爻详解：

六四。裕父之蛊，往见吝。

六四：挽救父辈败坏了的基业，缓慢发展，必然会因耽误时机遗憾惋惜。

象曰：裕父之蛊，往未得也。

《象辞》说：光大父业（困难重重），施行之中未尽得当，难以达到挽救的效果。

六四爻动变得《周易》第五十卦：火风鼎。

六五爻详解：

六五。干父之蛊，用誉。

六五：挽救父辈败坏的基业，一定会受到人们的赞誉。

象曰：干父之蛊，承以德也。

《象辞》说：挽救父业而博得了赞誉，因为继承了其父的美好品德。

六五爻动变得《周易》第五十七卦：巽为风。

上九爻详解：

上九。不事王侯，高尚其事。

上九：不侍奉王侯，超然物外，看重自身价值，使自己的德行至高无上。

象曰：不事王侯，志可则也。

《象辞》说：不服务于王侯，这高洁的志向，可作为人们学习的准则。

上九爻动变得《周易》第四十六卦：地风升。

第十九卦　临

临:（君临天下之卦．少女从母之象）

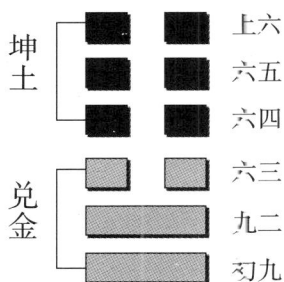

坤土　上六　六五　六四
兑金　六三　九二　勾九

临 卦
地泽临
本卦

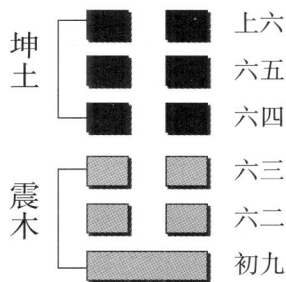

坤土　上六　六五　六四
震木　六三　六二　初九

复 卦
地雷复
互卦

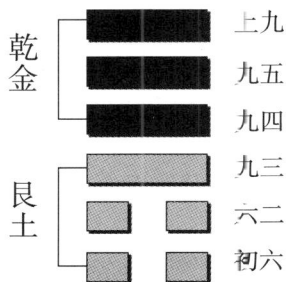

乾金　上九　九五　九四
艮土　九三　六二　初六

遁 卦
天山遁
错卦

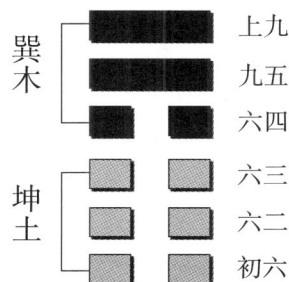

巽木　上九　九五　六四
坤土　六三　六二　初六

观 卦
风地观
综卦

卦象 临：地泽临，教民保民；卦象：下兑上坤。坤为地，兑为泽，地高于泽，泽容于地，象征君主亲临天下，治国安邦，上下融洽。

象曰：泽上有地，临。君子以教思无穷，容保民无疆。

《象辞》说：堤岸高出大泽，河泽容于大地，这是临卦的卦象。君子由此领悟到应该最大限度地教育、关心、容纳和保护百姓。

临卦讲的是君王的统治之方，治国安邦讲究感化、宽容、躬亲，要居安思危，能及时改正错误，要有远大的目光，长久的计划，必要时还需耐心等待时机，显示了作者的政治经验和敏锐的观察能力。

《周易》卦爻辞原文：

临：元亨利贞。至于八月有凶。

初九：咸临，贞吉。

九二：咸临，吉，无不利。

六三：甘临，无攸利。既忧之，无咎。

六四：至临，无咎。

六五：知临，大君之宜，吉。

上六：敦临，吉，无咎。

"临"象征督导：亨通无阻，祥和有益，坚守正道。但是到了八月（阳衰阴盛），会有凶险。

初九爻详解：

初九。咸临，贞吉。

初九：以感化的政策治民，卜问得吉兆。

象曰：咸临贞吉，志行正也。

《象辞》说："感应尊贵者，使其行督导之责，可获吉祥"，这是由于不囿于命运安排的樊笼，自身努力的结果。治道贞正，居心端正，作风正派，自然吉利。

初九爻动变得《周易》第七卦：地水师。

九二爻详解：

九二。咸临，吉，无不利。

九二：通过感化的方法治民，吉利，无不顺利。

象曰：咸临，吉无不利，未顺命也。

《象辞》说：用感化的政策治民，吉祥顺利，因为百姓尚未驯化从命。

九二爻动变得《周易》第二十四卦：地雷复。

六三爻详解：

六三。甘临，无攸利。既忧之，无咎。

六三：通过给甜头的方法来进行统治，效果难以长久。但是，已经觉悟，能忧惧改过．就不会有祸害。

象曰：甘临，位不当也。既忧之，咎不长也。

《象辞》说：通过给甜头的方法来进行统治，有人得寸进尺就不好办了。如果能有所悔悟，危害就不会长久了。

六三爻动变得《周易》第十一卦：地天泰。

六四爻详解：

六四。至临，无咎。

六四：亲善地督导下级，则必然没有祸害。

象曰：至临无咎，位当也。

《象辞》说：亲自理国治民，没有害处，正如六四阴爻居阴位一样。这样的君王是称职的君王。

六四爻动变得《周易》第五十四卦：雷泽归妹。

六五爻详解：

六五。知临，大君之宜，吉。

六五：以聪明才智来实行督导，这是伟大君主最适宜的统治之道，能获得吉祥。

象曰：大君之宜，行中之谓也。

《象辞》说：得君王之体，因为六五之爻居上卦中位，非常明智地处理政事，是大国之君应该具备的素质，说的就是行中庸之道。

六五爻动变得《周易》第六十卦：水泽节。

上六爻详解：

上六。敦临，吉，无咎。

上六：敦厚地实行督导，能获得吉祥，没有危害。

象曰：敦临之吉，志在内也。

《象辞》说：以敦厚之道治民，吉利，因为敦厚诚实之意存于内心，其志在于利国、利家。

上六爻动变得《周易》第四十一卦：山泽损。

第二十卦　观

观：（观民设教之卦，风扬尘埃之象）

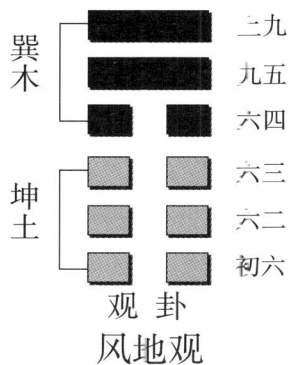

巽木

坤土

二九
九五
六四
六三
六二
初六

观　卦
风地观

本卦

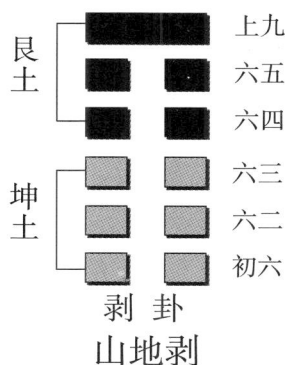

艮土

坤土

上九
六五
六四
六三
六二
初六

剥　卦
山地剥

互卦

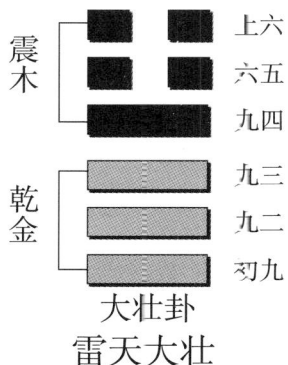

震木

乾金

上六
六五
九四
九三
九二
刃九

大壮卦
雷天大壮

错卦

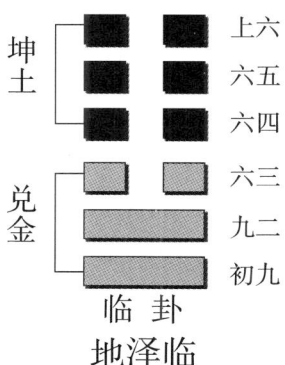

坤土

兑金

上六
六五
六四
六三
九二
初九

临　卦
地泽临

综卦

115

卦象 观：风地观，观下瞻上，"观"有观看、观察之意；卦象：下坤上巽。坤为地，巽为风。风行于地上，万物都会受到感化，喻德教遍施。

象曰：风行地上，观。先王以省方，观民设教。

《象辞》说：风行大地吹拂万物，这是观的卦象。先王观此卦象仿效风吹拂于地而遍及万物的精神，巡查四方，观察民情，用教育来感化民众。

《周易》卦爻辞原文：

观：盥而不荐，有孚颙若。

初六：童观，小人无咎，君子吝。

六二：窥观，利女贞。

六三：观我生，进退。

六四：观国之光，利用宾于王。

九五：观我生，君子无咎。

上九：观其生，君子无咎。

"观"象征瞻仰：瞻仰了祭祀开头盛大的倾酒灌地的降神仪式，就可以不去看后面的献飨之礼了，因为这时心中已经充满了诚敬肃穆的情绪。

初六爻详解：

初六。童观，小人无咎，君子吝。

初六：像幼稚的儿童一样观察景物，对一般百姓来讲尚无大碍，但对于担负政治责任的君子来说，将会铸成大错。

象曰：初六童观，小人道也。

《象辞》说："像幼稚的儿童一样观察景物"，这是浅薄的小人之道。

初六爻动变得《周易》第四十二卦：风雷益。

六二爻详解：

六二。窥观，利女贞。

六二：囿于一孔之见，这是有利于女人的贞兆。

象曰：窥观女贞，亦可丑也。

《象辞》说：由门缝中偷观景物，即使妇女固守贞操，但这样
的行为也是丑事。

六二爻动变得《周易》第五十九卦：风水涣。

六三爻详解：

六三。观我生，进退。

六三：观察亲族的思想动向，从而决定为政的措施。

象曰：观我生进退，未失道也。

《象辞》说："对照高尚的道德标准省察自己的言行，审时度
势，小心谨慎地决定进退"，这样做是不失原则的。

六三爻动变得《周易》第五十三卦：风山渐。

六四爻详解：

六四。观国之光，利用宾于王。

六四：观察国家政绩风俗的辉煌表现，有利于成为君王的宾
客和幕僚。

象曰：观国之光，尚宾也。

《象辞》说：瞻仰一个国家的文治武功，此来者为国宾，说明
此国崇尚贤士。

六四爻动变得《周易》第十二卦：天地否。

九五爻详解：

九五。观我生，君子无咎。

九五：对照高尚的道德标准省察自己的言行，不断地完善自己，君子就不会有祸患。

象曰：观我生，观民也。

《象辞》说：观察亲族之意向，就是观察天下万民的意向，便可知万民的德行。

九五爻动变得《周易》第二十三卦：山地剥。

上九爻详解：

上九。观其生，君子无咎。

上九：君子时刻瞻仰君主的德行和作为，并按照君主的德行和作为行事，这样才不会有祸患。

象曰：观其生，志未平也。

《象辞》说：观察其他部族的意向，表明自己还要向更高的目标努力。

上九爻动变得《周易》第八卦：水地比。

第二十一卦　噬嗑

噬嗑:（日中为市之卦，喉中有物之象）

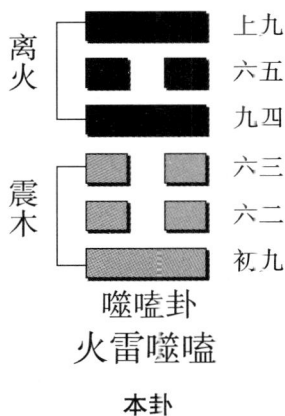

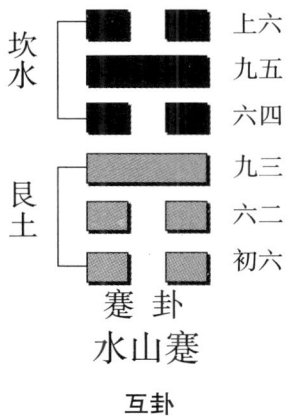

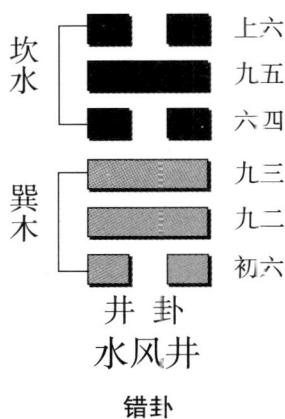

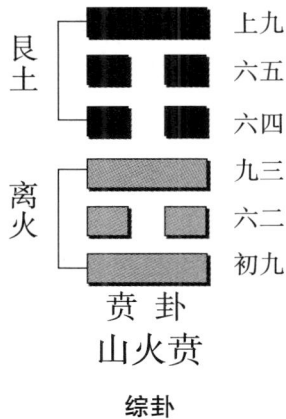

离火　　上九
　　　　六五
　　　　九四
震木　　六三
　　　　六二
　　　　初九
噬嗑卦
火雷噬嗑
本卦

坎水　　上六
　　　　九五
　　　　六四
艮土　　九三
　　　　六二
　　　　初六
蹇卦
水山蹇
互卦

坎水　　上六
　　　　九五
　　　　六四
巽木　　九三
　　　　九二
　　　　初六
井卦
水风井
错卦

艮土　　上九
　　　　六五
　　　　六四
离火　　九三
　　　　六二
　　　　初九
贲卦
山火贲
综卦

卦象 噬嗑：火雷噬嗑，刚柔相济；卦象：下震上离。震为雷，离为电，为雷电交击之表象。雷电交击，阴阳相交，就像上下牙齿将硬物咬碎一样，引申为使用刑罚治理国家。雷有威慑力，电能放光明，古代帝王效法这一现象，明其刑法，正其法令。

象曰：雷电噬嗑。先王以明罚敕法。

《象辞》说：雷电交合是噬嗑的卦象。先王观此卦象，取法于威风凛凛的雷，照彻幽隐的电，思以严明治政，从而明察其刑罚，修正其法律。

噬嗑卦是上古刑法的辩护词，讲了刑罚的必要性，如何量刑，如何法办，以及侦查的手段等，反映了当时司法制度如何以法律制度做保证，以维护封建统治应有的秩序。

《周易》卦爻辞原文：

噬嗑：亨，利用狱。

初九：屦校灭趾，无咎。

六二：噬肤灭鼻，无咎。

六三：噬腊肉，遇毒；小吝，无咎。

九四：噬干肺，得金矢；利艰贞，吉。

六五：噬干肉，得黄金；贞厉，无咎。

上九：何校灭耳，凶。

"噬嗑"象征咬合：亨通无阻，有利于使用刑法。

初九爻详解：

初九。屦校灭趾，无咎。

初九：拖着刑具，磨破了脚趾，但没有大的灾难。

象曰：屦校灭趾，不行也。

《象辞》说：脚套枷刑，脚趾都看不见了，小惩则可大戒，使之不重犯过错。

初九爻动变得《周易》第三十五卦：火地晋。

六二爻详解：

六二。噬肤灭鼻，无咎。

六二：施刑伤及犯人的皮肤，遭受割鼻之刑，但没有大难。

象曰：噬肤灭鼻，乘刚也。

《象辞》说：皮肤被刺字，鼻子被割掉，这是因为必须用重刑使罪犯屈服。

六二爻动变得《周易》第三十八卦：火泽睽。

六三爻详解：

六三。噬腊肉，遇毒。小吝，无咎。

六三：实施刑法像咬坚硬的腊肉，并遇到毒物那样不顺利，但这不过是稍有憾恨，还不至于有祸害。

象曰：遇毒，位不当也。

《象辞》说：中毒，因为六三阴爻居于阳位，像人不称其位。

六三爻动变得《周易》第三十卦：离为火。

九四爻详解：

九四。噬干胏，得金矢。利艰贞，吉。

九四：实施刑法像咬带骨头的肉那样困难，但因具有金箭般的刚直品德，因此有利于在艰难中坚守正道，其结果是吉利的。

象曰：利艰贞吉，未光也。

《象辞》说：卜问艰难之事，结果是吉利的，但目前仍处于艰难之中，尚未进入光明之境。

九四爻动变得《周易》第二十七卦：山雷颐。

六五爻详解：

六五。噬干肉，得黄金。贞厉，无咎。

六五：实施刑法像吃干硬的肉脯那样艰难，但它具有黄金般的刚坚品质，所以只要坚守正道，防备凶险，便无祸害。

象曰：贞厉无咎，得当也。

《象辞》说：卜问得危险之兆，但最终可以无灾祸，因为六五之爻居上卦中位，位象得当，可以化险为夷。

六五爻动变得《周易》第二十五卦：天雷无妄。

上九爻详解：

上九。何校灭耳，凶。

上九：肩负重枷，遭受严惩，失掉耳朵，有凶险。

象曰：何校灭耳，聪不明也。

《象辞》说：肩上扛着大枷，磨破了耳朵，因为其人不听劝阻，不能改恶从善，太不聪明了，结果受了这样的重刑。

上九爻动变得《周易》第五十一卦：震为雷。

第二十二卦 贲

贲:（文饰光明之卦，日照山脚之象）

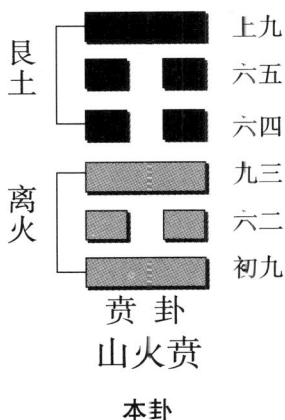

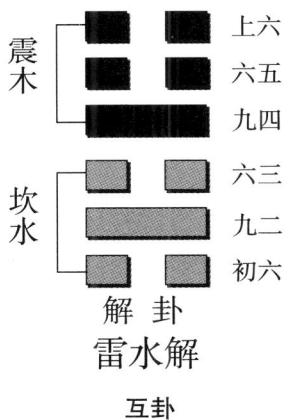

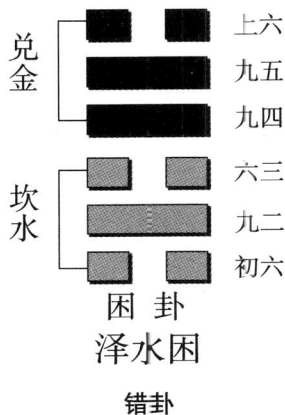

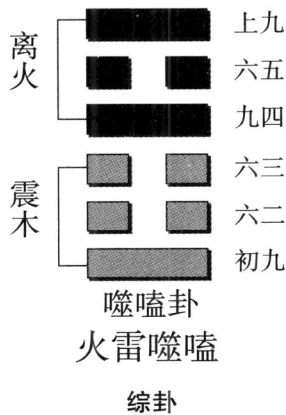

	贲卦			解卦	
艮土	▬▬	上九	震木	▬ ▬	上六
	▬ ▬	六五		▬ ▬	六五
	▬ ▬	六四		▬▬	九四
离火	▬▬	九三	坎水	▬ ▬	六三
	▬ ▬	六二		▬▬	九二
	▬▬	初九		▬ ▬	初六

贲 卦
山火贲
本卦

解 卦
雷水解
互卦

	困卦			噬嗑卦	
兑金	▬ ▬	上六	离火	▬▬	上九
	▬▬	九五		▬ ▬	六五
	▬▬	九四		▬▬	九四
坎水	▬ ▬	六三	震木	▬ ▬	六三
	▬▬	九二		▬ ▬	六二
	▬ ▬	初六		▬▬	初九

困 卦
泽水困
错卦

噬嗑卦
火雷噬嗑
综卦

卦象 贲：山火贲；卦象：下离上艮。离为火，为明，艮为山，为止。山下燃烧着火焰之表象。山下火焰把山上草木万物照得通明，如同披彩，这就叫装饰。贲字上部"卉"，下部"贝"，都是装饰品，此卦讲到装饰，指相处之人也许有些是精心修饰，伪装了一些事情，应慎防小人和伪君子。

象曰：山下有火，贲。君子以明庶政，无敢折狱。

《象辞》说：山下有火，一片艳红，花木相映，锦绣如文。君子治理政务应当像火焰一样，使众多的政务清明，在处理犯罪案件的时候，应当以澄清事实真相为要旨，不能伪饰，不能以威猛断狱。

《周易》卦爻辞原文：

贲：亨，小利有攸往。

初九：贲其趾，舍车而徒。

六二：贲其须。

九三：贲如濡如，永贞吉。

六四：贲如皤如，白马翰如，匪寇婚媾。

六五：贲于丘园，束帛戋戋，吝，终吉。

上九：白贲，无咎。

"贲"象征装饰：亨通，利于柔小者前去行事。

初九爻详解：

初九。贲其趾，舍车而徒。

初九：修饰脚趾，舍车不乘，徒步而行。

象曰：舍车而徒，义弗乘也。

《象辞》说：舍弃乘坐车马而徒步行走，这是因为按道义不该乘坐车马。

初九爻动变得《周易》第五十二卦：艮为山。

六二爻详解：

六二。贲其须。

六二：修饰自己的胡须。

象曰：贲其须，与上兴也。

《象辞》说：修饰自己的胡须，说明老人不服老，帮助君王振兴国家。六二爻与它上面的九三爻有同心而互饰之意。

六二爻动变得《周易》第二十六卦：山天大畜。

九三爻详解：

九三。贲如濡如，永贞吉。

九三：修饰的光泽柔润，长期坚守正道，吉祥。

象曰：永贞之吉，终莫之陵也。

《象辞》说：永远贞正，必吉利，因为没有人能超越他。

九三爻动变得《周易》第二十七卦：山雷颐。

六四爻详解：

六四。贲如皤如，白马翰如，匪寇婚媾。

六四：装饰得那样素雅，洁白如玉，乘坐着雪白的骏马，轻捷地往前奔驰。前方的人并非敌寇，而是自己求聘的婚配佳人。

象曰：六四当位疑也。匪寇婚媾，终无尤也。

《象辞》说：六四爻虽则当位得正，但心中却疑虑重重。"前方的人并非敌寇，而是自己求聘的婚配佳人"，说明尽管放心前往，最终将无所怨恨。

六四爻动变得《周易》第三十卦：离为火。

六五爻详解：

六五。贲于丘园，束帛戋戋，吝，终吉。

六五：装饰山丘陵园，质朴无华，再拿一束微薄的丝绢来聘纳贤士；虽可能产生遗憾，然而最终必获吉祥。

象曰：六五之吉，有喜也。

《象辞》说：《贲》卦的第五爻位（六五）吉祥，说明必有喜事临门。

六五爻动变得《周易》第三十七卦：风火家人。

上九爻详解：

上九。白贲，无咎。

上九：装饰素白，不喜好华丽，没有祸害。

象曰：白贲无咎，上得志也。

《象辞》说：白底的布帛饰以诸色花纹，符合朴素无华的志向，没有灾祸，上九居一卦之首位，说明居上位实现了愿望。

上九爻动变得《周易》第三十六卦：地火明夷。

第二十三卦　剥

剥:（去旧生新之卦，群阴剥阳之象）

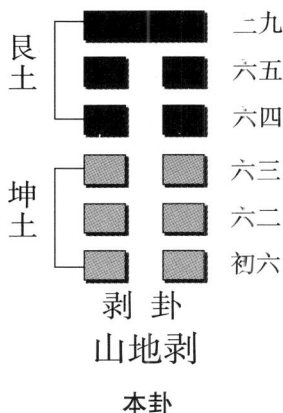

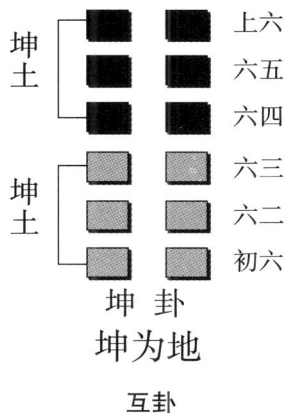

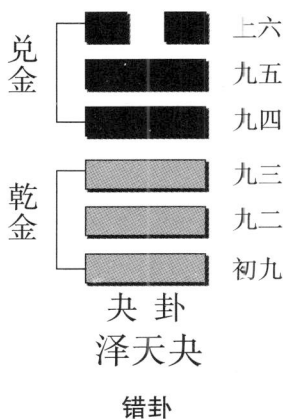

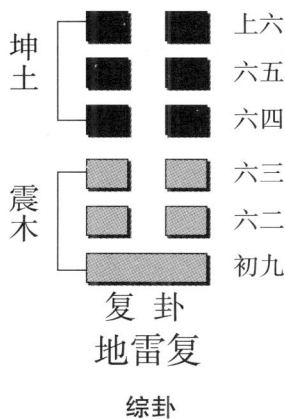

艮土
　二九
　六五
　六四

坤土
　六三
　六二
　初六

剥 卦
山地剥

本卦

坤土
　上六
　六五
　六四

坤土
　六三
　六二
　初六

坤 卦
坤为地

互卦

兑金
　上六
　九五
　九四

乾金
　九三
　九二
　初九

夬 卦
泽天夬

错卦

坤土
　上六
　六五
　六四

震木
　六三
　六二
　初九

复 卦
地雷复

综卦

卦象 剥：山地剥，剥有剥落、侵蚀的含义；卦象：下坤上艮。五阴在下，一阳在上，阴盛而阳孤。高山附于地，好比高山受侵蚀而风化，逐渐崩塌于地面之表象，因而象征剥落；此卦阴盛阳衰，喻小人得势，君子困顿，万物零落之象。

象曰：山附于地，剥。上以厚下，安宅。

《象辞》说：山崩塌于地，这是剥卦的卦象。君子观此卦象，以山石剥落，岩角崩塌为戒，从而厚结民心，使人民安居乐业。

剥卦的主题是如何应对"剥"，首先要打牢基础，及时更新和储备材料，实际上是警示注意王朝更替。作者用隐晦的语言表明建造高楼必须把基础打扎实，只有这样才能巩固其住所而不致发生危险，以此来昭示君王，真正承载王朝稳定的是民众。

《周易》卦爻辞原文：

剥：不利有攸往。

初六：剥床以足，蔑贞，凶。

六二：剥床以辨，蔑贞，凶。

六三：剥之，无咎。

六四：剥床以肤，凶。

六五：贯鱼，以宫人宠，无不利。

上九：硕果不食，君子得舆，小人剥庐。

"剥"象征剥落：不利于前去行事。

初六爻详解：

初六。剥床以足，蔑贞，凶。

初六：剥落床体先由床的最下方床腿部位开始，整个床腿都损坏了，根基毁坏，这是凶险之象。

象曰：剥床以足，以灭下也。

《象辞》说：床足脱落，这是自毁根基。基础损坏毁灭了，自然就会有凶险的情况发生，而且还会逐渐扩展波及上面。

初六爻动变得《周易》第二十七卦：山雷颐。

六二爻详解：

六二。剥床以辨，蔑贞，凶。

六二：床腿剥掉后，又开始剥落床干，损害坚固支撑，结果必然凶险。

象曰：剥床以辨，未有与也。

《象辞》说：床板脱落，失去了支撑，这是自毁辅佐。因为六二爻没有相应的阳爻援助，由于没有外援，所以导致凶险的情况发生。

六二爻动变得《周易》第四卦：山水蒙。

六三爻详解：

六三。剥之，无咎。

六三：割取邻国邻邑的土地，可以无灾祸。

象曰：剥之无咎，失上下也。

《象辞》说："虽被剥落，却没有什么灾祸"，是因为六三爻脱离了上下阴爻的行列，而独与阳爻上九相应，由于它潜藏着阳刚的性质，所以仍然可以免灾祸。

六三爻动变得《周易》第五十二卦：艮为山。

六四爻详解：

六四。剥床以肤，凶。

六四：剥落床上的铺板而侵入皮肤，这是凶险之象。

象曰：剥床以肤，切近灾也。

《象辞》说：剥落床上的铺板而侵入皮肤，是说已经迫近灾祸了。因为床面剥落损坏，必将危及床上之人，所以说迫近灾祸了。

六四爻动变得《周易》第三十五卦：火地晋。

六五爻详解：

六五。贯鱼，以宫人宠，无不利。

六五：鱼贯而入，像率领内宫之人顺承君主那样得到宠爱，就不会有什么不利的情况发生。

象曰：以宫人宠，终无尤也。

《象辞》说：宫人依次当夕受宠，秩序不乱，厚薄均匀，因而终无忧患。

六五爻动变得《周易》第二十卦：风地观。

上九爻详解：

上九。硕果不食，君子得舆，小人剥庐。

上九：栽树不仅是为了吃上面硕大的果实，君子还能用其木料做成车辆，受到百姓拥戴；而小人没有木料可用，则必然招致破家之灾。

象曰：君子得舆，民所载也；小人剥庐，终不可用也。

《象辞》说：君子用木料做成车辆，是说真正承载君子的是民众。小人招致破家之灾，是说小人终究是不可以任用的。

上九爻动变得《周易》第二卦：坤为地。

第二十四卦　复

复:（淘沙见金之卦，一阳来复之象）

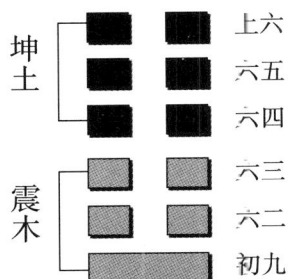

坤土

震木

上六
六五
六四
六三
六二
初九

复　卦
地雷复

本卦

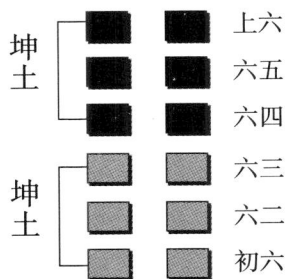

坤土

坤土

上六
六五
六四
六三
六二
初六

坤　卦
坤为地

互卦

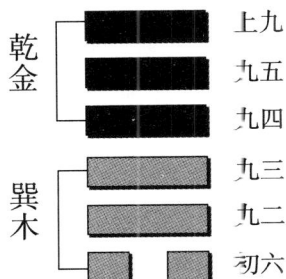

乾金

巽木

上九
九五
九四
九三
九二
初六

姤　卦
天风姤

错卦

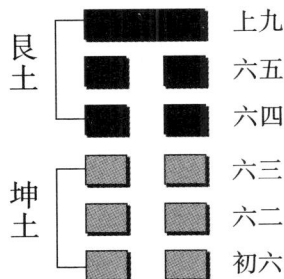

艮土

坤土

上九
六五
六四
六三
六二
初六

剥　卦
山地剥

综卦

卦象 复：地雷复，寓动于顺；卦象：下震上坤。震为雷，为动；坤为地，为顺。动在顺中，内阳外阴，循序运动，进退自如，利于前进。雷在地中振发，喻春回大地，万象更生。此时运势是开运亨通之象，已经度过了艰难时期，做事不宜急进，按部就班，水到渠成。

象曰：雷在地中，复。先王以至日闭关，商旅不行，后不省方。

《象辞》说：天寒地冻，雷返归地中，往而有复，依时回归，这是复卦的卦象。先王观此卦象，取法于雷，在冬至之日关闭城门，不接纳商旅，君王也不巡视邦国。

《周易》卦爻辞原文：

复：亨。出入无疾，朋来无咎。反复其道，七日来复，利有攸往。

初九：不远复，无祗悔，元吉。

六二：休复，吉。

六三：频复，厉，无咎。

六四：中行独复。

六五：敦复，无悔。

上六：迷复，凶，有灾眚。用行师，终有大败，以其国君，凶，至于十年不克征。

"复"象征复归：亨通顺利。阳气从下面产生而逐渐向上行进没有阻碍，朋友前来也没有灾难危害。返回复归有一定的运动规律，经过七天就会前来复归，利于前去行事。

复卦"七日来复"讲的是自然界阴阳消长的变化规律。"七"是古人对周期的认识，北斗七星、日月五星七政、二十八星宿都是以七为单位循环往复。《黄帝内经》认为"七"是一个重要周期数，与女人的健康密切相关。中国丧葬民俗中"七"是一个重要的数字，死者入殓后七天称为"头七"，每逢"七日"要做"法事"，每一个"七"都有不同的讲究。

初九爻详解：

初九。不远复，无祗悔，元吉。

初九：不走远即返回（不能七天以上），就没有根本性的错误，大吉。

象曰：不远之复，以修身也。

《象辞》说："不走远"的所谓"回归"，比喻能时时反省，严于修身。

初九爻动变得《周易》第二卦：坤为地。

六二爻详解：

六二。休复，吉。

六二：以真善美作为自己行为的准则和目标，虽然有时会走弯路，但是，只要能够复归正道，就必然获得吉祥。

象曰：休复之吉，以下仁也。

《象辞》说：圆满而归之所以吉利，是能够复归正道，因为六二能够向下亲近具备仁德的人。

六二爻动变得《周易》第十九卦：地泽临。

六三爻详解：

六三。频复，厉，无咎。

六三：屡次犯错误却又能屡次改正过错，复归正道，这样虽然有危险，但是最终却不会遇到灾祸。

象曰：频复之厉，义无咎也。

《象辞》说：多次反复而回归正道，这样虽然有危险，但毕竟能够改过从善，所以最终却不会遇到灾祸。

六三爻动变得《周易》第三十六卦：地火明夷。

六四爻详解：

六四。中行独复。

六四：持中而行，独自返回。

象曰：中行独复，以从道也。

《象辞》说："位居阴爻的正中，独自专一地复归正道"，说明是为了奉行追随正道。

六四爻动变得《周易》第五十一卦：震为雷。

六五爻详解：

六五。敦复，无悔。

六五：以敦厚真诚的态度返回，没有悔恨。

象曰：敦复无悔，中以自考也。

《象辞》说："敦厚真诚地复归正道，内心不会有什么后悔"，是因为六五爻虽然远离阳刚，但却能够反省审查自己的言行以完善自我，通过这样的途径，促成自己返回正道。

六五爻动变得《周易》第三卦：水雷屯。

上六爻详解：

上六。迷复，凶，有灾眚。用行师，终有大败，以其国君凶，至于十年不克征。

上六：迷途难返，凶险，有灾祸。筮遇此爻，出兵打仗，终有大败。用于治国，国君遭受凶险。这样的状况会一直持续下去，长达十年之久，国家不能振兴。

象曰：迷复之凶，反君道也。

《象辞》说:"犯了错误,仍然执迷不悟,不知悔改复归正道所产生的凶险",是违背为君之道的缘故。

上六爻动变得《周易》第二十七卦:山雷颐。

第二十五卦　无妄

无妄:（心无虚妄之卦，天下雷鸣之象）

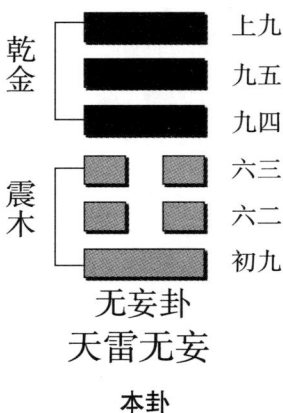

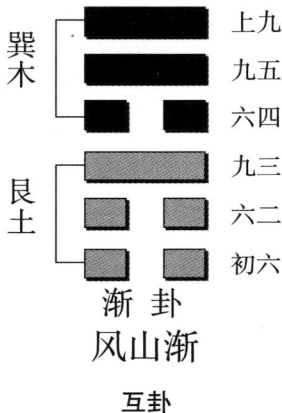

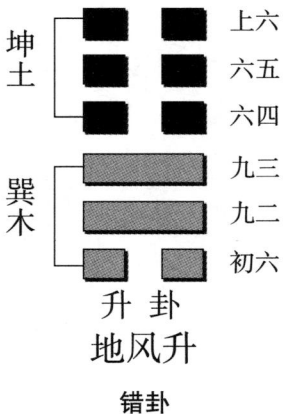

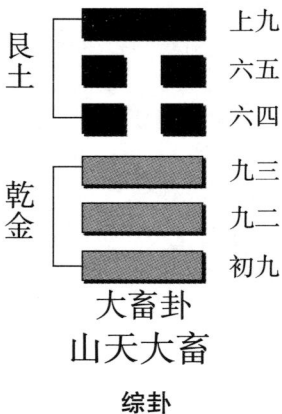

乾金		上九
		九五
		九四
震木		六三
		六二
		初九

无妄卦
天雷无妄
本卦

巽木		上九
		九五
		六四
艮土		九三
		六二
		初六

渐 卦
风山渐
互卦

坤土		上六
		六五
		六四
巽木		九三
		九二
		初六

升 卦
地风升
错卦

艮土		上九
		六五
		六四
乾金		九三
		九二
		初九

大畜卦
山天大畜
综卦

卦象 无妄：天雷无妄，无妄而得。无妄：不虚妄、不妄为的意思；卦象：下震上乾。乾为天，为健，震为雷，为动，为天下雷声震行，象征万物敏畏都"不妄为"。

象曰：天下雷行，物与无妄。先王以茂对时，育万物。

《象辞》说：天宇之下，春雷滚动，万物萌发，挈生繁衍，这是无妄的卦象。先王效法无妄卦象"天下雷行"的强盛威势，配合天时、四时的规律养育万物，使之各得其宜。

我们似乎总在急匆匆地扑向"未来"，似乎生活和生命的价值只在那"未来"中，我们像熊瞎子掰玉米，得到一个丢掉一个，肯定一个否定一个……结果总是回不了"常态"，总是错过"未来"，也就永远体会不到生活的意义。老子说："不知常，妄做凶"，《无妄》就是要我们"知常"。

《周易》卦爻辞原文：

无妄：元亨利贞；其匪正，有眚，不利有攸往。

初九：无妄，往吉。

六二：不耕获，不菑畬，则利有攸往。

六三：无妄之灾，或系之牛，行人之得，邑人之灾。

九四：可贞，无咎。

九五：无妄之疾，勿药有喜。

上九：无妄，行有眚，无攸利。

"无妄"象征不妄动妄求：极为亨通顺利，利于坚守正道。然而，如果不能坚守正道的话就会发生祸殃，因而也就不利于前去行事了。

初九爻详解：

初九。无妄，往吉。

初九：不妄动妄求，前去行事就一定会获得吉祥。

象曰：无妄之往，得志也。

《象辞》说：没有悖妄的行为，所有行动受到意志的控制，这样就可以实现志愿。

初九爻动变得《周易》第十二卦：天地否。

六二爻详解：

六二。不耕获，不菑畲，则利有攸往。

六二：不耕种就想收获，不开荒地就想种熟地，这些妄谬的行径怎能有利。

象曰：不耕获，未富也。

《象辞》说：不在刚开始耕作时就期望立刻获得丰收，不在荒地刚开垦一年时就期望它立即变成良田，这种空妄的念头不能带来财富。

六二爻动变得《周易》第十卦：天泽履。

六三爻详解：

六三。无妄之灾，或系之牛，行人之得，邑人之灾。

六三：无缘无故而遭受灾祸，好比有人把一头牛拴在村边道路旁，路过的人顺手把牛牵走，同村的人却被怀疑为偷牛的人而蒙受不白之冤。

象曰：行人得牛，邑人灾也。

《象辞》说：行人意外得牛，邑人意外蒙灾。这种灾难不是因为自己有过，而是由于某种客观原因的巧合所造成的。

六三爻动变得《周易》第十三卦：天火同人。

九四爻详解：

九四。可贞，无咎。

九四：能够坚守正道，所以没有灾祸。

象曰：可贞无咎，固有之也。

《象辞》说：具有贞正的品德，没有灾难。因为坚守正道的品德是其本身所固有的，所以，自始至终牢固地坚守正道，才能使自己免遭灾害。

九四爻动变得《周易》第四十二卦：风雷益。

九五爻详解：

九五。无妄之疾，勿药有喜。

九五：患意外之病，不要忙乱服药，自可痊愈。

象曰：无妄之药，不可试也。

《象辞》说："不妄动妄求却身染疾病，这种疾病不需用药医治"，是说药不可以轻易拿来试验，因为自身也有自愈调节功能。

九五爻动变得《周易》第二十一卦：火雷噬嗑。

上九爻详解：

上九。无妄，行有眚，无攸利。

上九：不要妄动妄求，不宜于行动，如果勉强行动，将有灾殃，没有好处。

象曰：无妄之行，穷之灾也。

《象辞》说："虽然没有妄为，但如有行动，却仍然遭受祸殃"，无妄之灾，不以人的意志为转移。

上九爻动变得《周易》第十七卦：泽雷随。

第二十六卦　大畜

大畜:（富甲天下之卦，天在山中之象）

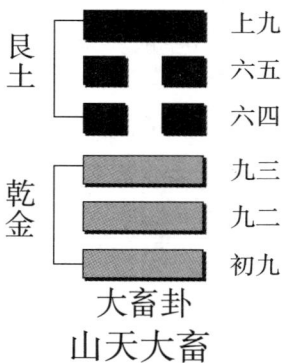

艮土

上九
六五
六四

乾金

九三
九二
初九

大畜卦
山天大畜

本卦

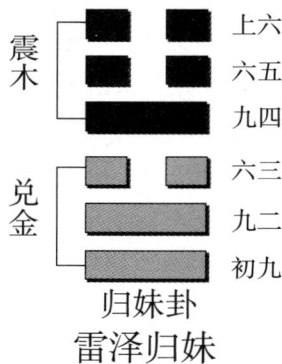

震木

上六
六五
九四

兑金

六三
九二
初九

归妹卦
雷泽归妹

互卦

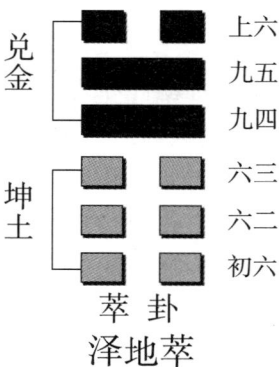

兑金

上六
九五
九四

坤土

六三
六二
初六

萃　卦
泽地萃

错卦

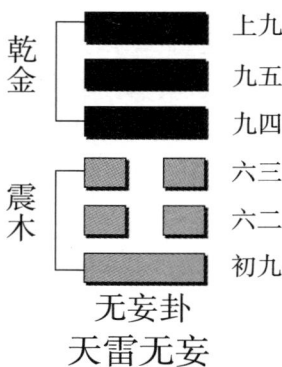

乾金

上九
九五
九四

震木

六三
六二
初九

无妄卦
天雷无妄

综卦

卦象 下卦乾为天，上卦艮为山，合起来就是"天在山中"。"止莫若山，大莫若天，天在山中，大畜之象。"天是至大无比的，然而现在却在比它小得多的山的蕴含中，没有比这更大的畜聚了。

象曰：天在山中，大畜。君子以多识前言往行，以畜其德。

《象辞》说：太阳照耀于山中，万物摄取阳光雨露，各遂其生，这是大畜的卦象。君子应多方记取前贤的言论、往圣的事迹，用来畜聚美好品德。

"多识前言往行，以畜其德"则成为我国古代教育理论的一个颇具影响的观点，它与"学古""师古""博闻强识""博学笃志"等教育理论是相通的。

《周易》卦爻辞原文：

大畜：利贞。不家食，吉；利涉大川。

初九：有厉，利已。

九二：舆说輹。

九三：良马逐，利艰贞。曰闲舆卫，利有攸往。

六四：童牛之牿，元吉。

六五：豮豕之牙，吉。

上九：何天之衢，亨。

"大畜"象征大量的畜养积聚：利于坚守正道；不要让贤能的人居于家中自谋生计，而应该把他招到朝廷中食国家俸禄，把才能贡献给国家，这样便可以获得吉祥；利于涉过大河。

初九爻详解：

初九。有厉，利已。

初九：不顾一切地贸然前进就会有危险的情况发生，暂时停下来，不会犯灾触难。

象曰：有厉利已，不犯灾也。

《象辞》说：将有危险，停止所为则能化凶为吉，是说不必冒着灾难风险前进。

初九爻动变得《周易》第十八卦：山风蛊。

九二爻详解：

九二。舆说輹。

九二：车厢下面勾住车轴的木头脱落。

象曰：舆说輹，中无尤也。

《象辞》说：车厢脱离车轴，居守中道而无怨尤。九二之爻居下卦中位，说明虽然刚健急躁，但能够自度量时，停止不前，没有贸然前进的过失。

九二爻动变得《周易》第二十二卦：山火贲。

九三爻详解：

九三。良马逐，利艰贞。曰闲舆卫，利有攸往。

九三：骏马奔驰如同风驰电掣一般，但是，贸然前进有陷入危险的可能，所以应当警惕前进道路上的各种艰难，同时又应当坚守正道，这样才会安然无恙。只有娴熟地掌握了驾车和防卫的本领，才能利于前去行事。

象曰：利有攸往，上合志也。

《象辞》说：九三与上九志同道合，没有妨碍。有所往则有利，所往必得，尚可符合心意。

九三爻动变得《周易》第四十一卦：山泽损。

六四爻详解：

六四。童豕之牿，元吉。

六四：给头上尚未长角的小牛预先装上一块横木，以防止它长出角后顶人，这是大吉大利的。

象曰：六四元吉，有喜也。

《象辞》说：六四爻辞讲的大吉大利，是指将有喜庆之事。是因为能够防患于未然，未雨而绸缪，因而是可喜的。

六四爻动变得《周易》第十四卦：火天大有。

六五爻详解：

六五。豮豕之牙，吉。

六五：面对长有锋利牙齿的猪，并不从如何除去它的牙齿上下手，而是避其锋利，击其要害，将它阉割。这样就可以制服它刚暴凶猛的本性，使它变得温顺，这样便能平安无事，获得吉祥。

象曰：六五之吉，有庆也。

《象辞》说：六五爻的吉祥，是因为能够抓住事物的关键，从根本上予以治理，因而是可庆可贺的。

六五爻动变得《周易》第九卦：风天小畜。

上九爻详解：

上九。何天之衢，亨。

上九：四通八达，多么畅通无阻的天街大道，必然亨通顺利。

象曰：何天之衢，道大行也。

《象辞》说：得到上天的福佑，行事畅通无阻。是说由于大量蓄养积聚贤士，天下已经贤路大开了。

上九爻动变得《周易》第十一卦：地天泰。

第二十七卦　颐

颐:（颐养正气之卦，匣中藏剑之象）

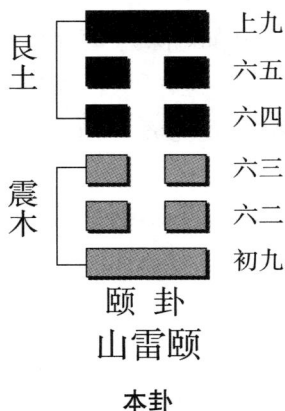

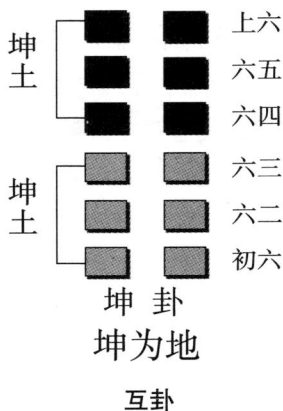

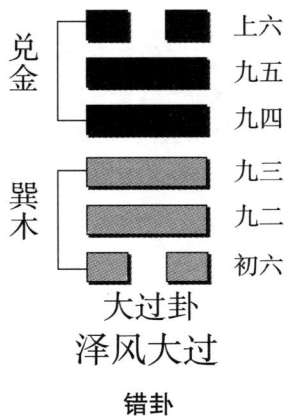

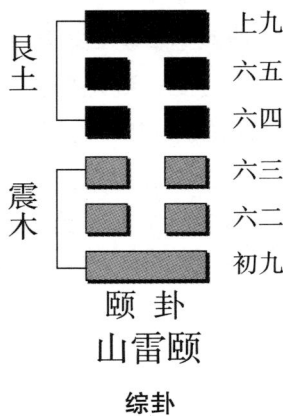

艮
土

震
木

上九	
六五	
六四	
六三	
六二	
初九	

颐 卦
山雷颐

本卦

坤
土

坤
土

上六	
六五	
六四	
六三	
六二	
初六	

坤 卦
坤为地

互卦

兑
金

巽
木

上六	
九五	
九四	
九三	
九二	
初六	

大过卦
泽风大过

错卦

艮
土

震
木

上九	
六五	
六四	
六三	
六二	
初九	

颐 卦
山雷颐

综卦

卦象 颐：山雷颐，纯正以养；卦象：下震上艮。震为雷，艮为山。山上有雷，山止于上，雷动于下，下动上止，形象如同口嚼食物，上颚静止、下颚活动的状态，因而象征颐养。天地养万物，圣人养贤以及万民。

象曰：山下有雷，颐。君子以慎言语，节饮食。

《象辞》说：山下有雷声响起，春雷可以唤醒生物，也可能惊动生物，所以君子要慎言语。有些生物饿了一冬，暴饮暴食容易患病，所以君子要节饮食。君子观此卦象，思言语和饮食之戒律，知道"祸从口出、病从口入"的道理，从而谨慎言语，节制饮食，修身养性。

《周易》卦爻辞原文：

颐：贞吉。观颐，自求口实。

初九：舍尔灵龟，观我朵颐，凶。

六二：颠颐，拂经于丘；颐，征凶。

六三：拂颐，贞凶；十年勿用，无攸利。

六四：颠颐，吉。虎视眈眈，其欲逐逐，无咎。

六五：拂经，居贞吉；不可涉大川。

上九：由颐，厉吉；利涉大川。

"颐"象征颐养：只有坚守正道才能获得吉祥；通过观察能够体现颐养的具体实例，以及自己是如何谋取口中食物的，这样才能真正地掌握颐养之道，获得吉祥。

初九爻详解：

初九。舍尔灵龟，观我朵颐，凶。

初九：舍弃你如同神龟般的聪明智慧，痴呆地看着我鼓动腮帮子进食，结果必然导致凶险。自己储藏着大量的财宝，还要羡慕人家的财物，必遭凶险之事。

象曰：观我朵颐，亦不足贵也。

《象辞》说：观看我贪吃食物的样子，也是不值得尊重的。舍弃自己的，而羡慕他人的会有凶险。原因是每个人的境遇和能力是不同的，忘却自身的实力而好高骛远，忘却自己的有利条件而追随他人是不符实际的，是得不到有效发展的。一个人不要只会羡慕他人的富贵荣耀，而要用自己的智慧和自己的有利条件去创造财富。

初九爻动变得《周易》第二十三卦：山地剥。

六二爻详解：

六二。颠颐，拂经于丘；颐，征凶。

六二：为了糊口，就得在山坡上开荒种地。反过来向下属乞求食物以获取奉养，是违背常理的，向高丘处乞食，则前进的途中必然遭遇凶险。

象曰：六二征凶，行失类也。

《象辞》说：为了生计而去抢劫别人，这是凶险之事，因为这种行径违反道义。

六二爻动变得《周易》第四十一卦：山泽损。

六三爻详解：

六三。拂颐，贞凶。十年勿用，无攸利。

六三：违背颐养的正道，一味地只求口腹之欲，结果必然遭遇凶险，在十年的漫长岁月里得不到养育，没有一点好处。

象曰：十年勿用，道大悖也。

《象辞》说：十年内没有得到任何利益，因为与颐养之道大相悖逆。

六三爻动变得《周易》第二十二卦：山火贲。

六四爻详解：

六四。颠颐，吉。虎视眈眈，其欲逐逐，无咎。

六四：颠倒求取颐养，吉利。因为这就像老虎要扑食那样，虎视眈眈，专心致志，对想要的东西紧追不放，则必然能够达到目的，当然也没有什么过失。

象曰：颠颐之吉，上施光也。

《象辞》说：颠倒求取颐养，吉利。因为居上位而能向下广施恩泽。

六四爻动变得《周易》第二十一卦：火雷噬嗑。

六五爻详解：

六五。拂经，居贞吉。不可涉大川。

六五：开荒种地，平常度日，占问得吉兆。只是尚不能处理极为艰险困难的事情，就像不能冒险渡过大河一样。

象曰：居贞之吉，顺以从上也。

《象辞》说：平居守正，之所以吉利，因为其人安分循道，顺应跟从居于上位者。

六五爻动变得《周易》第四十二卦：风雷益。

上九爻详解：

上九。由颐，厉吉。利涉大川。

上九：天下百姓都依靠他的养育而得以安居乐业；肩负如此重任，必须谨防危险，有所戒惧才能获得吉祥，这样也才能排除万难，就像顺利涉过大河一样。

象曰：由颐厉吉，大有庆也。

《象辞》说：遵循生活正道，先艰难而终吉利，因为善良之人终得善报。是说养育天下百姓，因而能得到天下的信任和爱戴，达到普天同庆。

上九爻动变得《周易》第二十四卦：地雷复。

第二十八卦　大过

大过:（秋木生华之卦，本末俱弱之象）

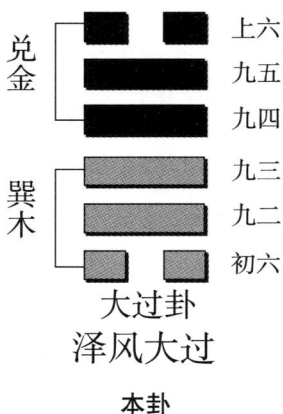

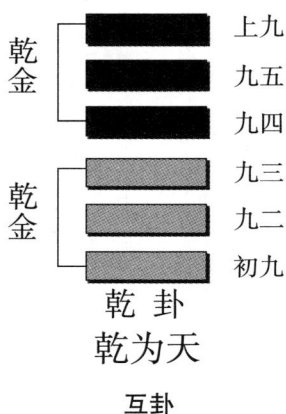

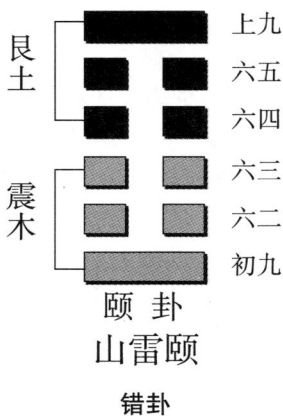

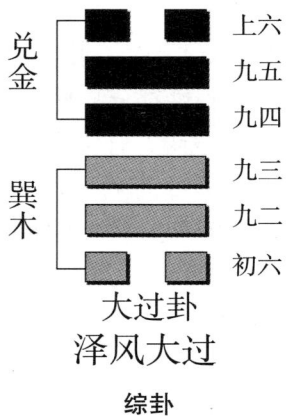

兑
金

巽
木

| 上六 |
| 九五 |
| 九四 |
| 九三 |
| 九二 |
| 初六 |

大过卦
泽风大过

本卦

乾
金

乾
金

| 上九 |
| 九五 |
| 九四 |
| 九三 |
| 九二 |
| 初九 |

乾 卦
乾为天

互卦

艮
土

震
木

| 上九 |
| 六五 |
| 六四 |
| 六三 |
| 六二 |
| 初九 |

颐 卦
山雷颐

错卦

兑
金

巽
木

| 上六 |
| 九五 |
| 九四 |
| 九三 |
| 九二 |
| 初六 |

大过卦
泽风大过

综卦

卦象 大过：泽风大过，非常行动；卦象：下巽上兑。兑为泽，巽为木。泽在树上，就像大水淹没树木，淹没木舟，这是大过的卦象。君子观此卦象，以舟重则覆为戒，领悟到遭逢祸变，应守节不屈，稳居不仕，清静淡泊。

象曰：泽灭木，大过。君子以独立不惧，遁世无闷。

《象辞》说：泽水淹没木舟，这是大过的卦象。君子观此卦象，从而独立自强而不畏惧，退隐避世而不烦闷。

"独立不惧，遁世无闷"，是大丈夫能伸能屈的精神出处，当晦暗来临，君子懂得不在逆境中纠结，穷途无须恸哭，坐看云舒云卷。达不能兼济天下，大可退而独善其身。适时退隐，在潜伏期坚定信念，隐忍待机。如龙潜于湖中……

《周易》卦爻辞原文：

大过：栋桡，利有攸往，亨。

初六：藉用白茅，无咎。

九二：枯杨生稊，老夫得其女妻，无不利。

九三：栋桡，凶。

九四：栋隆吉，有它吝。

九五：枯杨生华，老妇得其士夫，无咎无誉。

上六：过涉灭顶，凶，无咎。

"大过"：大者有所超过，栋梁向下弯曲，是说根本和枝末两端俱弱。阳刚太过而居中位，顺遂而喜悦行事，所以亨通。

初六爻详解：

初六。藉用白茅，无咎。

初六：本来直接把器物放置在地上就可以了，现在又用白色

149

的茅草衬垫在器物的下面，使它更加安稳，所以不会发生灾祸。

象曰：藉用白茅，柔在下也。

《象辞》说：借用白色的茅草来衬垫，是说柔软的东西在下面，所以不会发生什么灾祸。

初六爻动变得《周易》第四十三卦：泽天夬。

九二爻详解：

九二。枯杨生稊，老夫得其女妻，无不利。

九二：已经枯萎的杨树重新又长出新的枝芽，老年男子娶了位年轻的妻子，这种现象没有什么不利的。

象曰：老夫女妻，过以相与也。

《象辞》说：老年男子娶了位年轻的妻子，虽然年龄悬殊过大，但由于能够刚柔相济，所以不会发生不利的情况。

九二爻动变得《周易》第三十一卦：泽山咸。

九三爻详解：

九三。栋桡，凶。

九三：房屋的栋梁受重压而弯曲，结果必然发生凶险。

象曰：栋桡之凶，不可以有辅也。

《象辞》说：屋梁弯曲之所以凶险，是因为没有辅助造成的。阳刚极为过分，所以不能再来辅助它，后果将不堪设想。

九三爻动变得《周易》第四十七卦：泽水困。

九四爻详解：

九四。栋隆吉，有它吝。

九四：房屋的栋梁向上隆起，克服了弯曲，可以获得吉祥；不能再弯曲，再弯曲就会出问题。

象曰：栋隆之吉，不桡乎下也。

《象辞》说：屋梁挺直之所以吉利，是因为屋梁不弯曲则房屋不倾倒。九四爻本身能使栋梁不再向下弯曲。

九四爻动变得《周易》第四十八卦：水风井。

九五爻详解：

九五。枯杨生华，老妇得其士夫，无咎无誉。

九五：已经枯萎的杨树重新又盛开鲜艳的花朵，已经衰老的妇人嫁给了年富力强的男人，这种现象既不会遇到什么祸害，也没有什么值得称道的。

象曰：枯杨生华，何可久也。老妇士夫，亦可丑也。

《象辞》说：枯杨开花，其花怎能长开不谢。已经衰老的妇人嫁给了年富力强的男子，依然不能生育，有什么用。

九五爻动变得《周易》第三十二卦：雷风恒。

上六爻详解：

上六。过涉灭顶，凶，无咎。

上六：盲目涉水，水深过顶，虽遇凶险，但终归没有灾难。

象曰：过涉之凶，不可咎也。

《象辞》说：涉过深之水会发生凶险，但如果能及时补救，还是可以化险为夷，最终不会有祸患。

上六爻动变得《周易》第四十四卦：天风姤。

第二十九卦　坎

坎:（坎坷险难之卦，外虚中实之象）

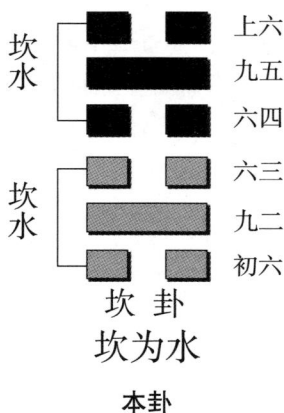

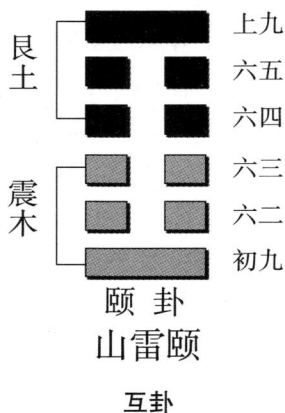

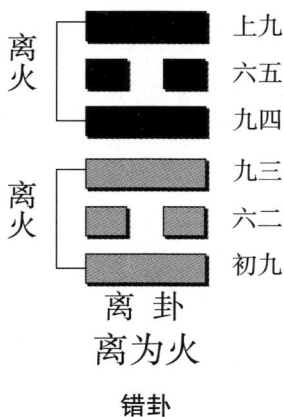

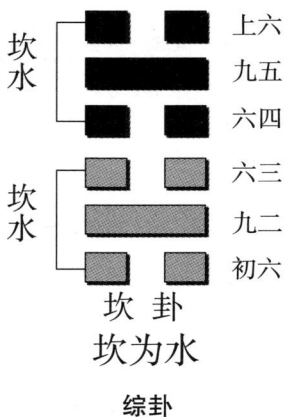

坎水	上六 九五 六四
坎水	六三 九二 初六

坎 卦
坎为水
本卦

艮土	上九 六五 六四
震木	六三 六二 初九

颐 卦
山雷颐
互卦

离火	上九 六五 九四
离火	九三 六二 初九

离 卦
离为火
错卦

坎水	上六 九五 六四
坎水	六三 九二 初六

坎 卦
坎为水
综卦

卦象 坎：行险用险；坎为水特性向下，可滋润万物，主财运。坎又有艰难、险阻之意，两坎相重，险上加险。水流而不盈，行险而不失其信，遇困境而不失常，镇定自若，洞察时机，才能渡过重重险关。

象曰：水洊至，习坎。君子以常德行，习教事。

《象辞》说：坎为水，水长流不滞，是坎卦的卦象。君子观此卦象，悟知守德行当如细水长流，行教事当如两坎相受，时时熟习，才能渡过重重险关。

《周易》卦爻辞原文：

坎：习坎，有孚；维心亨，行有尚。

初六：习坎，入于坎窞，凶。

九二：坎有险，求小得。

六三：来之坎坎，险且枕；入于坎窞，勿用。

六四：樽酒簋贰，用缶，纳约自牖，终无咎。

九五：坎不盈，只既平，无咎。

上六：系用徽纆，寘于丛棘，三岁不得，凶。

"坎"：面对重重艰险，要有信心。不畏艰险，前行终会跨越坎坷。地上的险阻是高山与大河，上天的险阻是高远而不可越，王公设立险隘关卡用来保护国家，险阻的适时功用太过伟大了。

初六爻详解：

初六。习坎，入于坎窞，凶。

初六：置身于重重的艰险困难之中，落入到陷坑的最底下，结果必然是凶险的。

象曰：习坎入坎，失道凶也。

《象辞》说:"坎坑之中又有坎坑,陷入重坑当中",是因为不能坚守正道,剑走偏锋,必招致灾殃。

初六爻动变得《周易》第六十卦:水泽节。

九二爻详解:

九二。坎有险,求小得。

九二:坑坑坎坎,道有险阻。敢于行险道,或小有收获。

象曰:求小得,未出中也。

《象辞》说:敢于行险道,或小有收获,一定程度上可以解决一些小问题,因为九二之爻居下卦的中位,像人尚未偏离正道。

九二爻动变得《周易》第八卦:水地比。

六三爻详解:

六三。来之坎坎,险且枕,入于坎窞,勿用。

六三:来往都有坎坷险阻,前面有险阻,后面也有险阻,进入险难深处,不易有所行动。

象曰:来之坎坎,终无功也。

《象辞》说:"往来进退都处在重重陷坑之间",是说虽急于求得平安,结果是欲速则不达,最终还是不能走出困境。

六三爻动变得《周易》第四十八卦:水风井。

六四爻详解:

六四。樽酒簋贰,用缶,纳约自牖,终无咎。

六四:用樽可以装酒,圆簋可以盛饭,用缶可以储物,取用自如终无忧矣。因此我们当充分利用一切可利用的工具,这是刚柔之际也。

象曰:樽酒簋贰,刚柔际也。

《象辞》说:一樽酒,两盒饭食,平时享受美食美器,此时用瓦盆子吃牢饭，爻象表明六四阴爻处于九五阳爻之下，像人被强者所压，遭受磨难。

六四爻动变得《周易》第四十七卦：泽水困。

九五爻详解：

九五。坎不盈，只既平，无咎。

九五：坎坑里的水没有盈满，刚好持平，没有灾殃。

象曰：坎不盈，中未大也。

《象辞》说：坎坑里的水还未溢出来，是因为居中而不强大。

九五爻动变得《周易》第七卦：地水师。

上六爻详解：

上六。系用徽缰，寘于丛棘，三岁不得，凶。

上六：被徽缰牢牢缠绕，被丛棘团团围住，被坎险陷入深谷，长达三年不能解说，十分凶险。

象曰：上六失道，凶三岁也。

《象辞》说：第六爻位（上六）失去了正道，面临着三年的凶灾。

上六爻动变得《周易》第五十九卦：风水涣。

第三十卦　离

离:（飞禽遇网之卦，丽日当天之象）

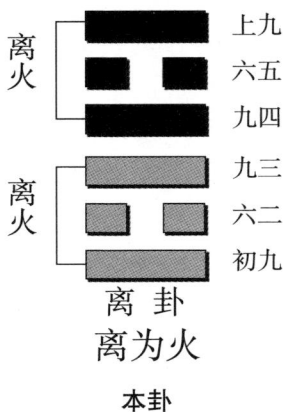

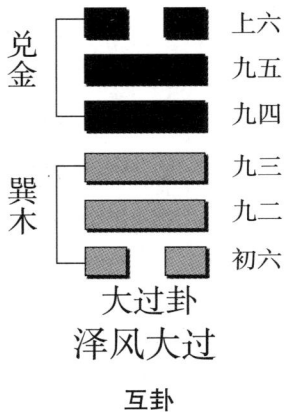

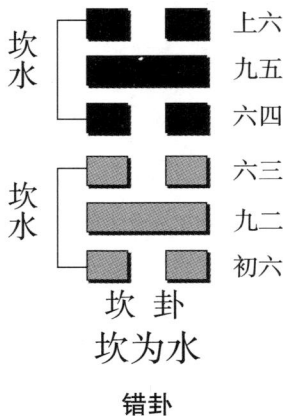

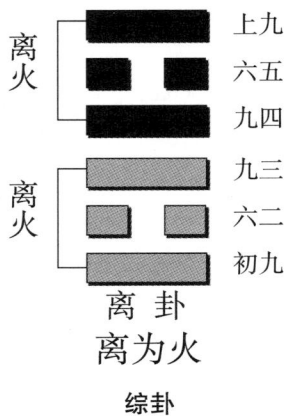

离火　┌ ▓▓▓ 上九
　　　├ ▓ ▓ 六五
　　　└ ▓▓▓ 九四

离火　┌ ▒▒▒ 九三
　　　├ ▒ ▒ 六二
　　　└ ▒▒▒ 初九

離 卦
离为火

本卦

兑金　┌ ▓ ▓ 上六
　　　├ ▓▓▓ 九五
　　　└ ▓▓▓ 九四

巽木　┌ ▒▒▒ 九三
　　　├ ▒▒▒ 九二
　　　└ ▒ ▒ 初六

大过卦
泽风大过

互卦

坎水　┌ ▓ ▓ 上六
　　　├ ▓▓▓ 九五
　　　└ ▓ ▓ 六四

坎水　┌ ▒ ▒ 六三
　　　├ ▒▒▒ 九二
　　　└ ▒ ▒ 初六

坎 卦
坎为水

错卦

离火　┌ ▓▓▓ 上九
　　　├ ▓ ▓ 六五
　　　└ ▓▓▓ 九四

离火　┌ ▒▒▒ 九三
　　　├ ▒ ▒ 六二
　　　└ ▒▒▒ 初九

離 卦
离为火

综卦

卦象 离：离为火，两火相叠，象征光明与依附的意思。火在古代引申为日，代表太阳，由于日光是光明温暖的，离便有光明的含义。日月星辰附着于天空，百谷草木附着于土地，重重光明附着于正道，君子效法离卦光明连续之象，从而绵延不断地用"明德"普照四方。

象曰：明两作，离。大人以继明照四方。

《象辞》说：今朝太阳升，明朝太阳升，相继不停顿，这是离卦的卦象。王公大人观此卦象，效法离卦光明连续之象，从而把前人的明德世世代代继承下来，发扬光大，普照四方。

《周易》卦爻辞原文：

离：利贞，亨；畜牝牛，吉。

初九：履错然，敬之，无咎。

六二：黄离，元吉。

九三：日昃之离，不鼓缶而歌，则大耋之嗟，凶。

九四：突如其来如，焚如，死如，弃如。

六五：出涕沱若，戚嗟若，吉。

上九：王用出征，有嘉折首，获匪其丑，无咎。

"离"象征附着：利于坚守正道，这样必然亨通；畜养柔顺的母牛，可以获得吉祥。

初九爻详解：

初九。履错然，敬之，无咎。

初九：听到纷来沓至的脚步声，立时警惕戒备，可以无灾难。

象曰：履错之敬，以辟咎也。

《象辞》说：脚步错乱而敬慎待之，是为了避免灾祸的发生。

初九爻动变得《周易》第五十六卦：火山旅。

六二爻详解：

六二。黄离，元吉。

六二：附着黄色，大吉大利。

象曰：黄离元吉，得中道也。

《象辞》说：黄色附丽于身，大吉大利，因为六二之爻居下卦中位，像人得中正之道。

六二爻动变得《周易》第十四卦：火天大有。

九三爻详解：

九三。日昃之离，不鼓缶而歌，则大耋之嗟，凶。

九三：黄昏时分有霓虹出现在天空，夕阳西下，好比人生已入老年，这时如果不能鼓缶高歌地欢度晚年，就难免会有春蚕将死、蜡炬成灰的哀叹，这样必然遭遇凶险。

象曰：日昃之离，何可久也。

《象辞》说：黄昏时分的彩虹，怎么会长留不散。太阳偏西即将落下，好比人生已步入老年，即将死去，怎么能长久呢！

九三爻动变得《周易》第二十一卦：火雷噬嗑。

九四爻详解：

九四。突如其来如，焚如，死如，弃如。

九四：突然间发出万道光芒，犹如燃烧的烈火，但顷刻之间又烟消云散，不复存在，此处变成一片废墟。

象曰：突如其来如，无所容也。

《象辞》说：灾难来得如此突然，人们无处藏身。"突然间发出万道光芒，犹如燃烧的烈火"，这种刚烈暴躁的气焰，必然带来危险，是天下人所不能容忍的。

九四爻动变得《周易》第二十二卦：山火贲。

六五爻详解：

六五。出涕沱若，戚嗟若，吉。

六五：眼泪像泉水一样从面颊上流下，忧愁悲伤地叹息，居安思危到了这种程度，必将获得吉祥。

象曰：六五之吉，离王公也。

《象辞》说：六五爻辞所讲的吉利是因为处于上九之下，像人们能够依附于王公大臣旁边，受到了君主的庇护。

六五爻动变得《周易》第十三卦：天火同人。

上九爻详解：

上九。王用出征，有嘉折首，获匪其丑，无咎。

上九：君王出兵征伐，建功立业，获得美誉，斩杀敌方首领，捕获不愿归附者，这样做不会发生灾祸。

象曰：王用出征，以正邦也。

《象辞》说：奉君王之命出兵征伐，是为了安定邦国，并非是为了耀武扬威，滥杀无辜。所以，进行正义的战争，就不会发生灾祸。说明取得了极大的成功。

上九爻动变得《周易》第五十五卦：雷火丰。

第三十一卦　咸

咸：（往来无阻之卦，山泽通气之象）

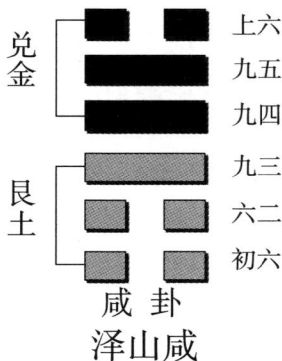

兑金　上六　九五　九四
艮土　九三　六二　初六
咸　卦
泽山咸
本卦

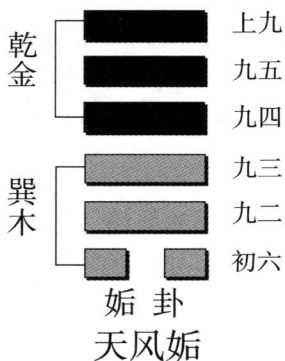

乾金　上九　九五　九四
巽木　九三　九二　初六
姤　卦
天风姤
互卦

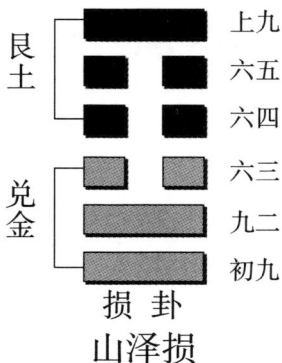

艮土　上九　六五　六四
兑金　六三　九二　初九
损　卦
山泽损
错卦

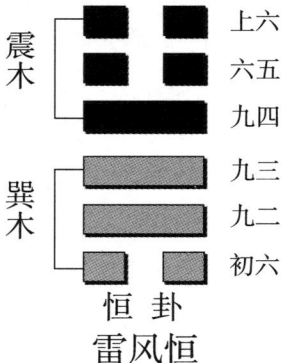

震木　上六　六五　九四
巽木　九三　九二　初六
恒　卦
雷风恒
综卦

卦象 咸：泽山咸，相互感应；卦象：下艮上兑。艮为山，泽为水。山上有泽，上方的水泽滋润下面的山体，下面的山体承托上方的水泽，山气水息，互相感应，所以咸象征感应。天地感应万物生，男女感应为夫妻，圣人感人心而天下和平。观其所感，而天地万物之情可见。

象曰：山上有泽，咸。君子以虚受人。

《象辞》说：山上有泽，阴阳交汇，万物亨通。以此比喻男女感悦，则家兴。君臣感应，则国兴。君子感应，则业成。君子由此领悟，以虚怀若谷的精神接纳他人。

《周易》卦爻辞原文：

咸：亨，利贞；取女吉。

初六：咸其拇。

六二：咸其腓，凶；居吉。

九三：咸其股，执其随，往吝。

九四：贞吉，悔亡；憧憧往来，朋从尔思。

九五：咸其脢，无悔。

上六：咸其辅颊舌。

"咸"象征感应：亨通顺利，有利于坚守正道；娶妻可以获得吉祥。

初六爻详解：

初六。咸其拇。

初六：感应发生在脚的大拇指上。

象曰：咸其拇，志在外也。

《象辞》说：大脚趾在动，其志在于出行。说明其感应志向是向外追求。

初六爻动变得《周易》第四十九卦：泽火革。

六二爻详解：

六二。咸其腓，凶；居吉。

六二：感应发生在小腿肚上，是由于急躁妄动，这样就会发生凶险的事情；若是安居静处，便可以获得吉祥。

象曰：虽凶居吉，顺不害也。

《象辞》说：虽遇凶兆，但安居不动，则可以转凶为吉。顺从贞卜之象可以避免灾害。

六二爻动变得《周易》第二十八卦：泽风大过。

九三爻详解：

九三。咸其股，执其随，往吝。

九三：感应发生在大腿上，一味地跟随别人任意妄动，这样前去行事，必然导致灾祸。

象曰：咸其股，亦不处也。志在随人，所执下也。

《象辞》说："感应发生在大腿上"，说明不能安居静处，自我克制，而是性情急躁，随心所欲地任意妄为；"盲目地跟随别人任意妄为"，是因为他所执意追求的东西过于低下卑劣。

九三爻动变得《周易》第四十五卦：泽地萃。

九四爻详解：

九四。贞吉悔亡，憧憧往来，朋从尔思。

九四：内心保持纯洁无邪的态度，就可以获得吉祥，无所悔恨。纷沓往来，朋友们都顺从你的意旨。

象曰：贞吉悔亡，未感害也。憧憧往来，未光大也。

《象辞》说：正固吉祥，悔恨消失，说明九四爻并没有因感应而遭受祸害；"心猿意马地与朋友交往"，朋友面必然窄，影响也小，不能遍及天下人。

九四爻动变得《周易》第三十九卦：水山蹇。

九五爻详解：

九五。咸其脢，无悔。

九五：感应发生在脊背上，但没有灾祸。

象曰：咸其脢，志末也。

《象辞》说：耸动其背，作出背负重物的反应，看来其志在卑微之事。说明其只知独善其身，这样它的志向难免过于浅薄了。

九五爻动变得《周易》第六十二卦：雷山小过。

上六爻详解：

上六。咸其辅，颊、舌。

上六：感应发生在牙床、脸颊、舌头上。

象曰：咸其辅颊舌，滕口说也。

《象辞》说：伤其腮帮、脸颊、舌头，这是翻腾口说招引的灾祸。说明其只是玩弄三寸不烂之舌而已。

上六爻动变得《周易》第三十三卦：天山遁。

第三十二卦　恒

恒:（恒久贯一之卦，雷动风生之象）

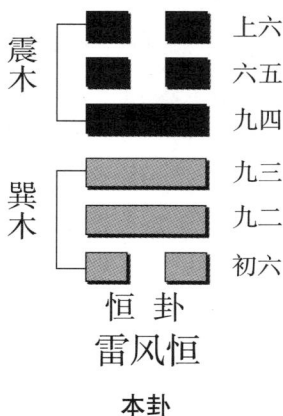

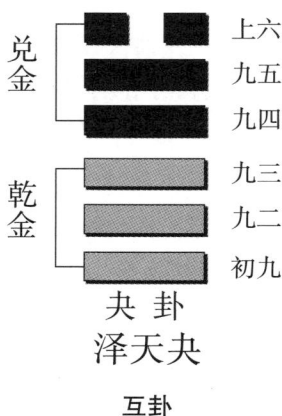

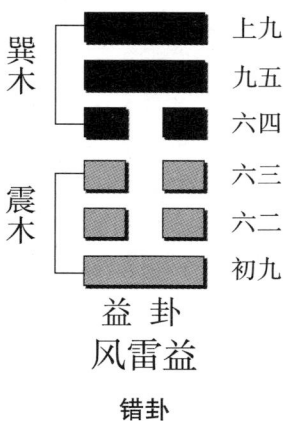

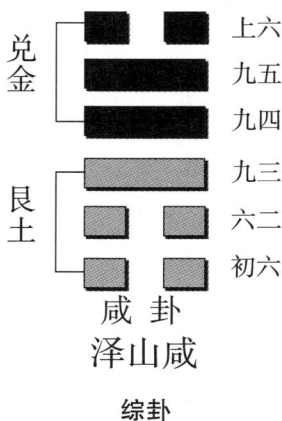

震木　　上六
　　　　六五
　　　　九四

巽木　　九三
　　　　九二
　　　　初六

恒 卦
雷风恒
本卦

兑金　　上六
　　　　九五
　　　　九四

乾金　　九三
　　　　九二
　　　　初九

夬 卦
泽天夬
互卦

巽木　　上九
　　　　九五
　　　　六四

震木　　六三
　　　　六二
　　　　初九

益 卦
风雷益
错卦

兑金　　上六
　　　　九五
　　　　九四

艮土　　九三
　　　　六二
　　　　初六

咸 卦
泽山咸
综卦

卦象 恒：雷风恒，恒心有成；卦象：下巽上震。巽为风。震为雷。雷起风发，雷迅风骤，雷风总是相须相与，周而复始，永不停止，因而象征着"恒久"。日月得天而能久照，四时变化而能久成，圣人久于其道而天下化成。观其所恒，而知万物之性情。

象曰：雷风，恒。君子以立不易方。

《象辞》说：风雷荡涤，宇宙常新，这是恒卦的卦象。君子效法恒象（即雷发风行），从而树立恒久不变之道，坚守不移。

恒者，一种长久的稳定状态。"打击"是有益的，没有"打击"，系统将陷入封闭的极限环，只是一种"死态"。但是"打击"超出了系统的承受力，北如"浚恒"，系统就会陷入混乱，走向崩溃，也就再也不能前进一步了，剩下的只有"悔"和"凶"。在很多情况下，这往往是人失去了"平常心"的结果。"平常心"就是我们的精神常态，就是"恒"。

《周易》卦爻辞原文：

恒：亨，无咎，利贞，利有攸往。

初六，浚恒，贞凶，无攸利。

九二，悔亡。

九三，不恒其德，或承之羞，贞吝。

九四，田无禽。

六五，恒其德，贞；妇人吉，夫子凶。

上六，振恒，凶。

"恒"象征长久：亨通顺利，没有灾祸，利于坚守正道，利于前去行事。

初六爻详解：

初六。浚恒，贞凶，无攸利。

初六：打破稳定，一直如此，结果必然凶险，没有一点好处。

象曰：浚恒之凶，始求深也。

《象辞》说：打破稳定的凶险，在于一开始就想翻个底朝天。

初六爻动变得《周易》第三十四卦：雷天大壮。

九二爻详解：

九二。悔亡。

九二：悔恨自行消除。

象曰：九二悔亡，能久中也。

《象辞》说：第二爻位能够使悔恨自行消除，是由于它能够长久地守中不偏的缘故。

九二爻动变得《周易》第六十二卦：雷山小过。

九三爻详解：

九三。不恒其德，或承之羞，贞吝。

九三：不能长久地保持恒信，或许会蒙受他人的羞辱，结果难免产生惋惜。

象曰：不恒其德，无所容也。

《象辞》说：不能长久坚守恒德，反复无常，无人信任，必然落到无所容身的地步。

九三爻动变得《周易》第四十卦：雷水解。

九四爻详解：

九四。田无禽。

九四：田间狩猎，结果却没有捕获到任何禽兽。

象曰：久非其位，安得禽也。

166

《象辞》说：长久地处在不属于自己应该处的位置上，又怎么能够捕获到禽兽呢？

九四爻动变得《周易》第四十六卦：地风升。

六五爻详解：

六五。恒其德，贞；妇人吉，夫子凶。

六五：妇守柔则吉，夫守柔而失刚，则意味着凶险。长久地保持柔顺服从的美好品德，永远坚守正道，这样的话，女人可以获得吉祥，男人则遭遇凶险。

象曰：妇人贞吉，从一而终也。夫子制义，从妇凶也。

《象辞》说：以柔而立刚，长久不易，是妇人之道，夫子则不宜。男人遇事应当果断处理，如果像女人那样优柔寡断的话，就会遭遇凶险。

六五爻动变得《周易》第二十八卦：泽风大过。

上六爻详解：

上六。振恒，凶。

上六：摇摆不定，不能坚守长久之道，结果必然凶险。

象曰：振恒在上，大无功也。

《象辞》说：统治者朝令夕改，政令无常，终将一无所成，不会有所建树。

上六爻动变得《周易》第五十卦：火风鼎。

第三十三卦　遁

遁:（迁善远恶之卦，豹隐南山之象）

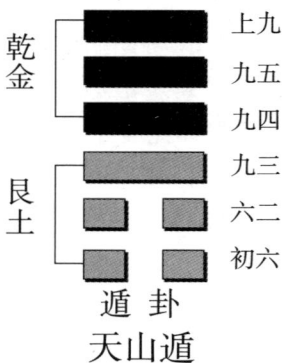

乾金　上九　九五　九四

艮土　九三　六二　初六

遁 卦
天山遁

本卦

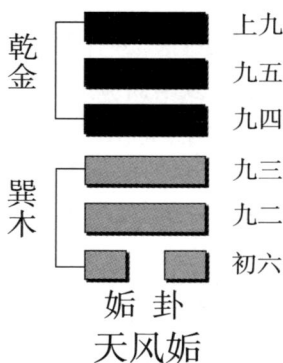

乾金　上九　九五　九四

巽木　九三　九二　初六

姤 卦
天风姤

互卦

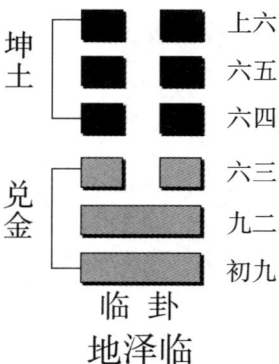

坤土　上六　六五　六四

兑金　六三　九二　初九

临 卦
地泽临

错卦

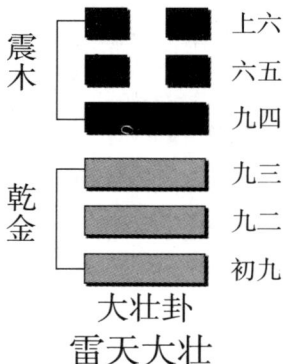

震木　上六　六五　九四

乾金　九三　九二　初九

大壮卦
雷天大壮

综卦

卦象 遁：天山遁，象征隐退，遁世救世；卦象：下艮上乾。乾为天，艮为山。天下有山，山高天退，阴长阳消，象征着隐让退避。因为山有多高，天愈有多高，似乎山在步步紧逼，而天在步步后退，但天无论怎样后退避让，却始终高踞在山之上。小人得势，君子退隐，矜严自守，伺机救天下。恒卦以恒久为其主旨，到了遁卦则是退让，以便再度进取。说明了该进则进、该退则退、屈伸往来是常理。

象曰：天下有山，遁。君子以远小人，不恶而严。

《象辞》说：天下有山，天高山远，是遁卦的卦象。君子观此卦象，从而不用以恶报恶的方法对付小人，而是采取远离的态度，自甘退隐，矜严自守，划清界限，远离小人。

《周易》卦爻辞原文：

遁：亨，小利贞。

初六：遁尾，厉，勿用有攸往。

六二：执之用黄牛之革，莫之胜说。

九三：系遁，有疾厉；畜臣妾，吉。

九四：好遁，君子吉，小人否。

九五：嘉遁，贞吉。

上九：肥遁，无不利。

"遁"象征退避：亨通，小事能够成功。

初六爻详解：

初六。遁尾，厉，勿用有攸往。

初六：隐退避让错过时机落在了后边，情况非常不好。面对这种情形，应该静观待变而不要有所行动，否则将会更加不利。

象曰：遁尾之厉，不往何灾也。

《象辞》说：退避时落在后面会有危险，若能坚持苦斗，设法取胜，有什么灾难？

初六爻动变得《周易》第十三卦：天火同人。

六二爻详解：

六二。执之用黄牛之革，莫之胜说。

六二：用黄牛皮革制成的绳索捆绑，谁也难以解脱。

象曰：执用黄牛，固志也。

《象辞》说：像用黄牛皮革束缚，不能挣脱，是要禁锢他的心志，不因任何情况而动摇。

六二爻动变得《周易》第四十四卦：天风姤。

九三爻详解：

九三。系遁，有疾厉。畜臣妾，吉。

九三：由于被牵累而难以远去，就像疾病缠身那样危险。处在这情况下，就要蓄养仆人和侍妾，要使他们被我所用，只有这样，才能转危为安。

象曰：系遁之厉，有疾惫也。畜臣妾吉，不可大事也。

《象辞》说：被拖累以致不能决然隐退所造成的危险，有如被疾病折腾得疲惫不堪，所以说蓄养奴婢则吉，意思是暂且养疾疗伤，不可贸然行动。

九三爻动变得《周易》第十二卦：天地否。

九四爻详解：

九四。好遁，君子吉，小人否。

九四：可以从容隐退避让而无所系累，君子将因此而获得吉祥，小人却不会吉祥。

象曰：君子好遁，小人否也。

《象辞》说：君子不以利禄为心，能够做到该退就退，从容自如，而小人却做不到这一点。

九四爻动变得《周易》第五十三卦：风山渐。

九五爻详解：

九五。嘉遁，贞吉。

九五：退隐以时，值得赞美，卜问前程，通泰吉利。

象曰：嘉遁贞吉，以正志也。

《象辞》说：功成身退，初衷不改，自己的信念和志向得到了维护。

九五爻动变得《周易》第五十六卦：火山旅。

上九爻详解：

上九。肥遁，无不利。

上九：既无牵累，又已远离，来去自如地退隐山林，就像是远走高飞一样，所以无论这时做什么，都不会有什么不利。

象曰：肥遁无不利，无所疑也。

《象辞》说：之所以它能够"随心所欲地远走高飞而又无不利"，就在于它所做的一切都是理所当然和自然而然的，说明其人善观形势，急流勇退。

上九爻动变得《周易》第三十一卦：泽山咸。

第三十四卦　大壮

大壮:（盛大强壮之卦，羝羊触藩之象）

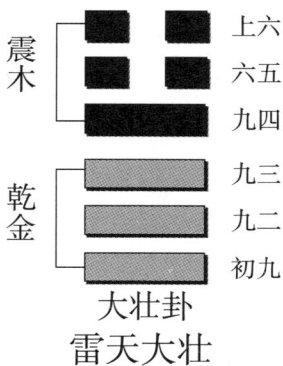

震木　乾金

上六
六五
九四
九三
九二
初九

大壮卦
雷天大壮

本卦

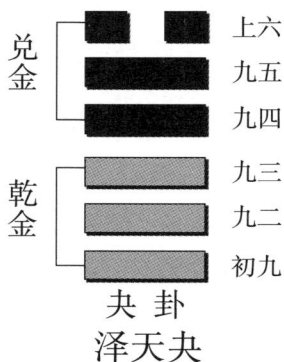

兑金　乾金

上六
九五
九四
九三
九二
初九

夬　卦
泽天夬

互卦

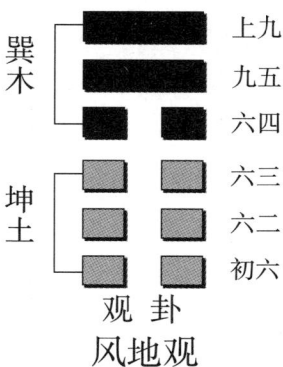

巽木　坤土

上九
九五
六四
六三
六二
初六

观　卦
风地观

错卦

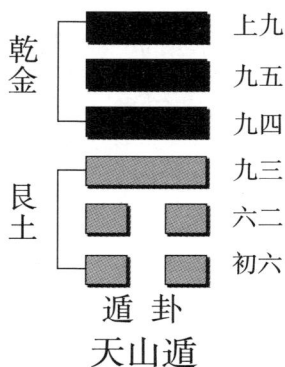

乾金　艮土

上九
九五
九四
九三
六二
初六

遁　卦
天山遁

综卦

卦象 大壮:雷天大壮,象征壮大、强盛;卦象:下乾上震。震为雷,乾为天;震雷响彻天上,天鸣雷,云雷滚,声势宏大,阳气盛壮,刚亡有力故曰壮。大壮卦启示的是强盛不意味着成功,不会审时度势,用力不在地方,则愈强大就受损愈大。

象曰:雷在天上,大壮。君子以非礼弗履。

《象辞》说:天上鸣雷是大壮的卦象。君子观此卦象,以迅雷可畏,礼法森严,从而畏威知惧,唯礼是遵。

《周易》卦爻辞原文:

大壮:利贞。

初九:壮于趾,征凶,有孚。

九二:贞吉。

九三:小人用壮,君子用罔,贞厉。羝羊触藩,羸其角。

九四:贞吉,悔亡。藩决不羸,壮于大舆之辏。

六五:丧羊于易,无悔。

上六:羝羊触藩,不能退,不能遂,无攸利,艰则吉。

"大壮"象征十分强盛:坚守正道,将会非常有利。强盛不意味着成功,若强壮有余,智慧不足,靠暴力解决问题,则愈强大就受损愈大。

初九爻详解:

初九。壮于趾,征凶,有孚。

初九:阳刚强盛只在脚趾,这时如果有所行动,必然会招来灾祸。

象曰:壮于趾,其孚穷也。

《象辞》说:阳刚强盛只在脚趾,说明只停留在这一状态下,是绝不会有什么出路的。

初九爻动变得《周易》第三十二卦：雷风恒。

九二爻详解：

九二。贞吉。

九二：坚守正道而获得吉祥。

象曰：九二贞吉，以中也。

《象辞》说：九二之爻居下卦中位，之所以能够坚守正道而获得吉祥，是因为它位置居中，能够以柔相出。

九二爻动变得《周易》第五十五卦：雷火丰。

九三爻详解：

九三。小人用壮，君子用罔，贞厉。羝羊触藩，羸其角。

九三：小人恃强好胜，君子却恰恰相反。要守正以防危险。就像强壮的大羊去顶触篱笆，结果只会把角卡在篱笆中而难以摆脱。

象曰：小人用壮，君子罔也。

《象辞》说：小人捕兽凭气力，君子捕兽靠智慧，张网等待。

九三爻动变得《周易》第五十四卦：雷泽归妹。

九四爻详解：

九四。贞吉，悔亡。藩决不羸，壮于大舆之輹。

九四：坚守正道，必获吉祥，悔恨也会消失；因为阳刚十分强盛，既像篱笆断开，羊角从中解脱了出来，又像坚固的车轮能负重远行一样。

象曰：藩决不羸，尚往也。

《象辞》说：篱笆断开，羊角从系累中解脱出来，君子要充分行动起来，积极向前进取。

九四爻动变得《周易》第十一卦：地天泰。

六五爻详解：

六五。丧羊于易，无悔。

六五：在田边地头丢失了羊，但没有太大的憾惜。

象曰：丧羊于易，位不当也。

《象辞》说：在田边丢失了羊，位置不对，因为六五阴爻而居处阳位，是所处不当，像人所处环境不适当，将蒙受损失。

六五爻动变得《周易》第四十三卦：泽天夬。

上六爻详解：

上六。羝羊触藩，不能退，不能遂，无攸利，艰则吉。

上六：强壮的羊因顶触篱笆而被挂住了角，既不能后退，又不能前进，怎样挣扎都没有好处。在这种情况下，要能够忍耐坚持，不被艰难困苦所压垮，就会安然渡过难关，获得吉祥。

象曰：不能退，不能遂，不祥也；艰则吉，咎不长也。

《象辞》说：不能退，不能进，陷入进退维谷之中，说明行动处事不够圆满周到，结果陷入了极为被动的局面。虽陷入艰难之中，但最终会渡过难关，是说灾难不会长久。

上六爻动变得《周易》第十四卦：火天大有。

第三十五卦　晋

晋:（龙剑出匣之卦，良臣遇君之象）

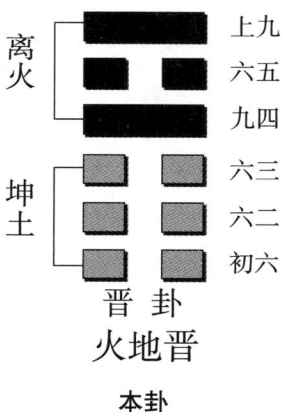

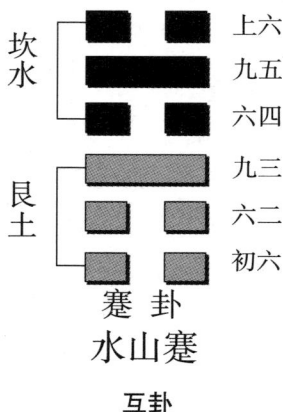

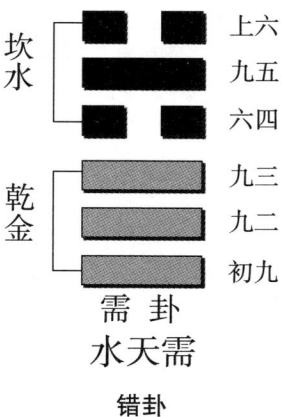

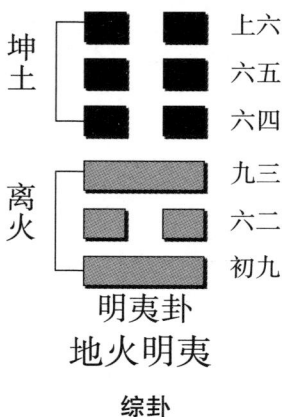

离
火

坤
土

上九
六五
九四
六三
六二
初六

晋 卦
火地晋

本卦

坎
水

艮
土

上六
九五
六四
九三
六二
初六

蹇 卦
水山蹇

互卦

坎
水

乾
金

上六
九五
六四
九三
九二
初九

需 卦
水天需

错卦

坤
土

离
火

上六
六五
六四
九三
六二
初九

明夷卦
地火明夷

综卦

卦象 晋：火地晋，象征前进，晋升；卦象：下坤上离。离为日，为光明；坤为地，为柔顺，象征太阳从地面冉冉升起，旭日东升，正是晋升的形象。坤柔顺，是臣道。离为明，为君德，象征着贤臣附丽于明君，必得晋升。柔顺是求"晋"的手段，光明是获"晋"的基础，两者结合到一起正是晋卦的大义所在。

象曰：明出地上，晋。君子以自昭明德。

《象辞》说：日出地上曰晋，冉冉升起之象。太阳的光辉并不是升起之后才有，而是在升之前本身所固有的，因此，君子应加强自我修养，彰显自身的光明之德。

《周易》卦爻辞原文：

晋：康侯用锡马蕃庶，昼日三接。

初六：晋如，摧如，贞吉。罔孚，裕，无咎。

六二：晋如，愁如，贞吉。受兹介福，于其王母。

六三：众允，悔亡。

九四：晋如鼫鼠，贞厉。

六五：悔亡，失得勿恤，往吉，无不利。

上九：晋其角，维用伐邑；厉，吉，无咎，贞吝。

"晋"象征长进：就象才干出众的公侯得到了天子的赏识，不仅赐给他许多车马，而且在一天之内三次接见他。

晋卦提出了获得晋升的三个基本条件：首先是得到信任，其次是要用特长，最后是创造机会。

初六爻详解：

初六。晋如，摧如，贞吉。罔孚，裕，无咎。

初六：攻击敌人，打垮敌人，卜问得吉兆。胜利之师没有捕捉俘虏，没有抢掠财物，不会有灾难。

象曰：晋如摧如，独行正也。裕无咎，未受命也。

《象辞》说："刚开始上升就受到挫折"，按照自己所遵循的原则继续不断地努力，会得到吉祥如意的结果。"随意行动也不会有什么过失"，是因为他还没有得到任命（名不正言不顺）。

初六爻动变得《周易》第二十一卦：火雷噬嗑。

六二爻详解：

六二。晋如，愁如，贞吉。受兹介福，于其王母。

六二：攻击敌人，压倒敌人，卜问得吉兆。因为得到了先祖母的庇佑获得大福。

象曰：受之介福，以中正也。

《象辞》说：之所以能够"获得极大的恩惠和福泽"，是因为六二之爻居下卦中位，像人得中正之道，行为符合身份和正道。

六二爻动变得《周易》第六十四卦：火水未济。

六三爻详解：

六三。众允，悔亡。

六三：它的所作所为已经得到了众人的认可和赞同，努力进取，悔恨将会消失。

象曰：众允之，志上行也。

《象辞》说：众人信任，其志向就会实现。

六三爻动变得《周易》第五十六卦：火山旅。

九四爻详解：

九四。晋如鼫鼠，贞厉。

九四：向上迈进像既贪婪又胆怯，没有什么专长的鼫鼠一样，即使能够严守自己的本分，也免不了灾祸。

象曰：鼫鼠贞厉，位不当也。

《象辞》说：鼫鼠，即梧鼠，性贪婪卑鄙，《荀子·劝学》谓梧鼠五技而穷。故以喻贪婪卑鄙、身无专技之人。九四阳爻而居阴位，像人处于不利的地位。

九四爻动变得《周易》第二十三卦：山地剥。

六五爻详解：

六五。悔亡，失得勿恤，往吉，无不利。

六五：不再患得患失，悔恨已经消失，只要勇往直前，就会吉祥如意。

象曰：失得勿恤，往有庆也。

《象辞》说：六五以阴居阳，居位不当本有悔，惟其柔得尊位，柔顺文明而下者顺从，故其悔亡。且其无急功近利之心，不忧虑个人之得失，故无往而不吉，无所不利。

六五爻动变得《周易》第十二卦：天地否。

上九爻详解：

上九。晋其角，维用伐邑，厉，吉，无咎，贞吝。

上九：向前迈进似乎已经达到了顶点，就像到达兽角尖上一样，盛大的气象已不复存在了。只有像攻打城池那样，建立新的功勋，或许可以避免灾难转为吉祥；而且一旦这样做了，将不会产生过失。但即使如此，它以后的发展趋势也只能是越来越差。

象曰：维用伐邑，道未光也。

《象辞》说：指上九居晋卦顶点，进无可进，好比钻进了牛角尖端。维用伐邑，指上九此时只有靠讨伐叛逆建功，言外之意是说晋极必反，靠德治已经无法建功了。

上九爻动变得《周易》第十六卦：雷地豫。

第三十六卦　明夷

明夷：（凤凰垂翼之卦，出明投暗之象）

坤土　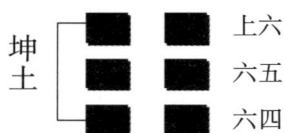　上六　六五　六四

离火　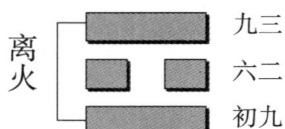　九三　六二　初九

明夷卦
地火明夷
本卦

震木　　上六　六五　九四

坎水　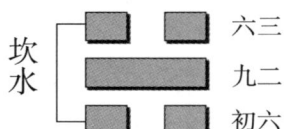　六三　九二　初六

解　卦
雷水解
互卦

乾金　　上九　九五　九四

坎水　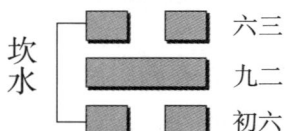　六三　九二　初六

讼　卦
天水讼
错卦

离火　　上九　六五　九四

坤土　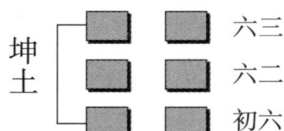　六三　六二　初六

晋　卦
火地晋
综卦

卦象 明夷：地火明夷，晦而转明；卦象：下离上坤。离为火代表光明，坤为地。太阳隐入地下，光明如同火种潜伏在大地之下，象征了光明的隐退。引申为政治黑暗，昏君在上而贤臣在下，逼使贤臣不敢展露其聪明才智，这是明夷之象。

象曰：明入地中，明夷。君子以莅众，用晦而明。

《象辞》说：光明陨落，天地黑暗，前途莫测，这是明夷之象。君子观此卦象，治灵理政要外愚内慧，自治用明，治民用晦，宽厚大度，团结民众，只有这样才能使"明"不受到伤害而在适当时机再表现出来。

明夷卦讲述的是在政治黑暗，光明受损的情况下，君子内敛灿烂光明，外示恭敬柔顺，隐藏锋芒，自晦其明，无论环境多么艰难也不会改变其志向，周文王如此，箕子亦如此。

《周易》卦爻辞原文：

明夷：利艰贞。

初九：明夷于飞，垂其翼。君子于行，三日不食；有攸往，主人有言。

六二：明夷，夷于左股，用拯马壮，吉。

九三：明夷于南狩，得其大首，不可疾贞。

六四：入于左腹，获明夷之心，出于门庭。

六五：箕子之明夷，利贞。

上六：不明晦。初登于天，后入于地。

"明夷"象征光明受阻：在这种情况下，最好是在艰难困苦中坚守正道，保持自身的纯洁和善始善终的恒心。

初九爻详解：

初九。明夷于飞，垂其翼。君子于行，三日不食。有攸往，主人有言。

初九:"鹈鹕在飞翔,停栖在沼畔。君子离家走,三日无食粮。"筮遇此爻,有所往,则必遭主人谴责。在光明被阻的时候,要像鸟儿一样迅速地飞走,而且要低垂着翅膀以免被人察觉。君子出门远行,三天没有饭吃。君子若在此时行动,必然要受到当政者的责备。

象曰:君子于行,义不食也。

《象辞》说:君子在旅途中,依礼义不能蒙羞受食。坚守正道不接受嗟来之食,是由于坚持道义和原则而不愿再拿这份俸禄了。

初九爻动变得《周易》第十五卦:地山谦。

六二爻详解:

六二。明夷,夷于左股,用拯马壮,吉。

六二:鹈鹕,鹈鹕,伤于左股,君子负伤,因马获救。吉利。处在这种光明被阻的情况下,就像伤了左大腿一样,如果能借用好马,增加自己的力量,将会非常有利。

象曰:六二之吉,顺以则也。

《象辞》说:六二阴爻处于九三阳爻之下,是因为它柔顺而又坚持原则,正像马忠于主人善体人意。

六二爻动变得《周易》第十一卦:地天泰。

九三爻详解:

九三。明夷于南狩,得其大首,不可疾,贞。

九三:在南方的猎区,拉弓射箭,获得一些大野兽。筮遇此爻,占问疾病则不利。

君主在光明受阻的情况下,到南方去巡狩,将可以消灭敌方的首领,但是应该注意不要操之过急,要能够坚守正道,持之以恒。

象曰：南狩之志，乃六得也。

《象辞》说：有到南方征伐巡狩的志向，就会有非常大的收获。

九三爻动变得《周易》第二十四卦：地雷复。

六四爻详解：

六四。入于左腹，获明夷之心，出于门庭。

六四：回到深隐之处吧！走出居室，进入社会，感到了环境的险恶，退隐的念头油然而生。

象曰：入于左腹，获心意也。

《象辞》说："进入左方腹部"，因此能够从内部深刻了解光明受阻的内情。

六四爻动变得《周易》第五十五卦：雷火丰。

六五爻详解：

六五。箕子之明夷，利贞。

六五：殷亡后，箕子逃到东方邻国避难，卜问得吉兆。应采取箕子那种大智若愚的做法，有利于坚守正道。

象曰：箕子之贞，明不可息也。

《象辞》说：箕子退隐守正的行为说明，光明是不会熄灭的，只是暂时受阻碍罢了。

六五爻动变得《周易》第六十三卦：水火既济。

上六爻详解：

上六。不明晦。初登于天，后入于地。

上六：不明亮而晦暗。太阳初升，君子进仕之象；太阳隐没，君子退隐之象。

象曰：初登于天，照四国也。后入于地，失则也。

《象辞》说：太阳初升，君子进仕，光照四方。太阳隐没，君子引退，国无楷模。"刚开始时升起在天空"，是说它的光明能够普照四方各国；"而后来却堕入地下"，是说它已经因违背正道而丧失了应有的作用，由光明转入了黑暗。

上六爻动变得《周易》第二十二卦：山火贲。

第三十七卦　家人

家人：（修身齐家之卦，开花结籽之象）

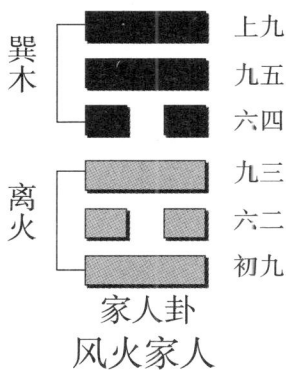

巽木

离火

上九
九五
六四
九三
六二
初九

家人卦
风火家人

本卦

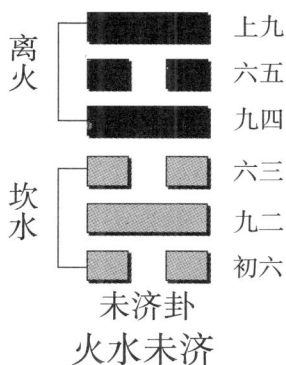

离火

坎水

上九
六五
九四
六三
九二
初六

未济卦
火水未济

互卦

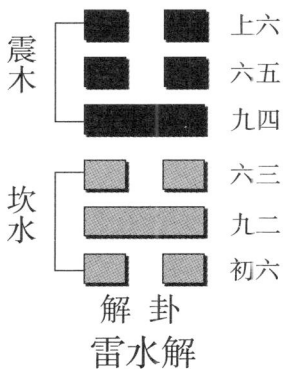

震木

坎水

上六
六五
九四
六三
九二
初六

解　卦
雷水解

错卦

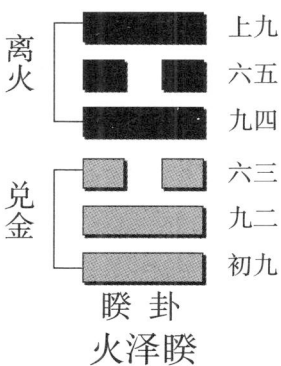

离火

兑金

上九
六五
九四
六三
九二
初九

睽　卦
火泽睽

综卦

卦象 家人：风火家人，诚威治业；卦象：下离上巽。离为火，巽为风。风从火出之表象，象征着外部的风来自于本身的火，就像家庭的影响和作用都产生于自身内部一样。自家而及于外，影响到社会的风化。喻先治家而后治天下，家道正，天下安乐。

象曰：风自火出，家人。君子以言有物，而行有恒。

《象辞》说：风自火出，火内风外，火指明德，风指教化，先有明德而后能教化，故先讲究言行，以取信于人。君子观家人之象，悟知日常的居家小事也关系到社会风化的道理，故能自修小节，加强自身的修养，使自己的言行得体，做事持之以恒，有始有终。

对于中国人来说，家国是一体的。家构成宗法社会，社会构成家国，所以才会有《大学》的修身、齐家、治国、平天下，因家人卦而起的影响异常深远。

《周易》卦爻辞原文：

家人：利女贞。

初九：闲有家，悔亡。

六二：无攸遂，在中馈，贞吉。

九三：家人嗃嗃，悔厉，吉；妇子嘻嘻，终吝。

六四：富家，大吉。

九五：王假有家，勿恤，吉。

上九：有孚威如，终吉。

"家人"象征家庭：特别注重女人在家中的作用，如果她能够坚守正道，始终如一，将会非常有利。

初九爻详解：

初九：闲有家，悔亡。

初九，防范家庭出现意外事故，没有悔恨。

象曰：闲有家，志未变也。

《象辞》说："治家应从一开始就打好基础，立下规矩，防患于未然"，意义就在于开一个好头十分重要。如果等到出现了问题再去想办法，效果就相差甚远了。

初九爻动变得《周易》第五十三卦：风山渐。

六二爻详解：

六二：无攸遂，在中馈，贞吉。

六二，不要自作主张，追求功名，能够料理好家中的饮食起居就行了，结果一定是吉祥的。

象曰：六二之吉，顺以巽也。

《象辞》说：家人卦的第二爻位之所以能够吉祥如意，是因为它位置居中，符合常规，而且温柔顺从。

六二爻动变得《周易》第九卦：风天小畜。

九三爻详解：

九三。家人嗃嗃，悔厉，吉；妇子嘻嘻，终吝。

九三：贫困之家，众口嗷嗷待哺，这是愁苦之事，但能辛勤劳作，可以脱贫致富。而富贵之家，骄奢淫逸，妻室儿女只知嬉笑作乐，终将败落。

象曰：家人嗃嗃，未失也；妇子嘻嘻，失家节也。

《象辞》说：由于过分严厉使得家中人怨言丛生，但最终却可以得到吉祥，是因为这样做是符合治家的原则的，虽然有点苛刻，但不失根本。而听凭"妇人和孩子随心所欲，最终的发展结果却绝不会好"，是因为这样做违背了治家的原则和规矩。

九三爻动变得《周易》第四十二卦：风雷益。

六四爻详解：

六四。富家，大吉。

六四：能够使家中的财富增加，吉祥如意。

象曰：富家大吉，顺在位也。

《象辞》说：幸福家庭，大吉大利，六四阴爻居于九五阳爻之下，是由于它柔顺的本性决定的，像家人和顺而各守其职。

六四爻动变得《周易》第十三卦：天火同人。

九五爻详解：

九五。王假有家，勿恤，吉。

九五：君王来到家中，不要忧虑，吉利。

象曰：王假有家，交相爱也。

《象辞》说：君王到臣民之家，说明君臣互相关爱，关系良好。

九五爻动变得《周易》第二十二卦：山火贲。

上九爻详解：

上九。有孚威如，终吉。

上九：君上掌握杀罚之权，威风凛凛，权柄不移，终归吉利。

治家的根本在于严格要求自己，如果自己能够以身作则，树立起威信，结果一定会获得吉祥。

象曰：威如之吉，反身之谓也。

《象辞》说：上九爻辞讲杀罚立威，终归吉利，因为君上能够内省己身，外树威望。

上九爻动变得《周易》第六十三卦：水火既济。

第三十八卦 睽

睽:（反目成仇之卦，二女同居之象）

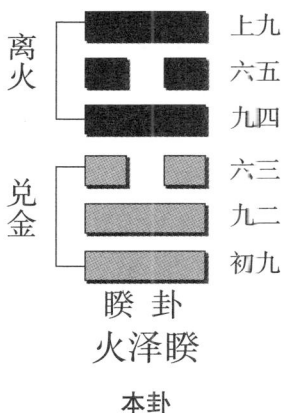

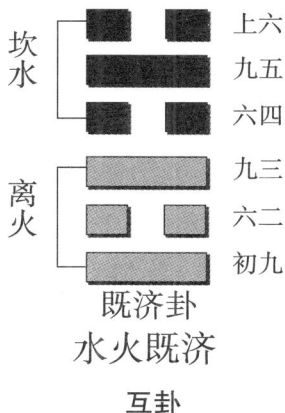

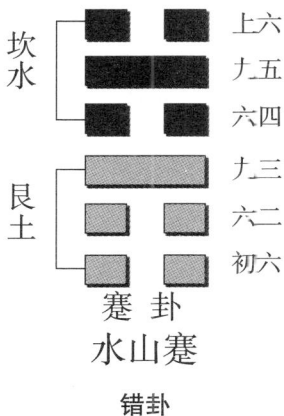

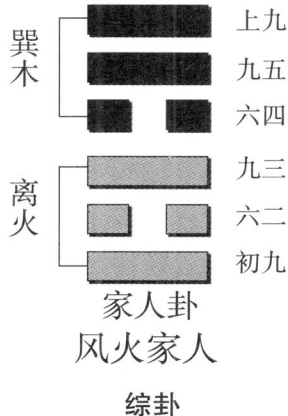

离火
兑金

上九
六五
九四
六三
九二
初九

睽 卦
火泽睽

本卦

坎水
离火

上六
九五
六四
九三
六二
初九

既济卦
水火既济

互卦

坎水
艮土

上六
九五
六四
九三
六二
初六

蹇 卦
水山蹇

错卦

巽木
离火

上九
九五
六四
九三
六二
初九

家人卦
风火家人

综卦

卦象 睽：象征矛盾，是异中求同之卦；卦象：下兑上离。离为火，兑为泽。上面是火，下面是泽，火焰燃动向上，泽水流动向下，相互对立，相互矛盾，是睽卦的卦象。

象曰：上火下泽，睽。君子以同而异。

《象辞》说：上火下泽，两相乖离，象征睽。君子观此卦象，从而综合万物之所同，分析万物之所异，谋求大同并存小异。君子处世要同中求异，保持自己的个性和特色，"以同而异"的观点与《论语》"和而不同"的说法是一致的。

《周易》卦爻辞原文：

睽：小事吉。

初九：悔亡，丧马勿逐，自复；见恶人，无咎。

九二：遇主于巷，无咎。

六三：见舆曳，其牛掣，其人天且劓，无初有终。

九四：睽孤。遇元夫，交孚，厉，无咎。

六五：悔亡，厥宗噬肤；往，何咎。

上九：睽孤。见豕负涂，载鬼一车；先张之弧，后说之弧。匪寇婚媾，往，遇雨则吉。

"睽"象征对立：小心谨慎地去行动做事，就能获得吉祥。

初九爻详解：

初九。悔亡，丧马勿逐，自复。见恶人，无咎。

初九：悔恨消失；跑掉的马不要去追它，它自己就会回来。接近同自己对立敌视的人，不会有什么祸患。

象曰：见恶人，以辟咎也。

《象辞》说："接近同自己对立敌视的人"，通过这种方法彼此沟通，以避免因更加对立而带来的危害。

初九爻动变得《周易》第六十四卦：火水未济。

九二爻详解：

九二。遇主于巷，无咎。

九二：在小巷中碰到了居于高位者，虽然不合常规，但是却没有什么危险和灾难。

象曰：遇主于巷，未失道也。

《象辞》说："在小巷中碰到了居高位者"，虽然这不合常规，但是却并不违背原则。

九二爻动变得《周易》第二十一卦：火雷噬嗑。

六三爻详解：

六三。见舆曳，其牛掣，其人天且劓，无初有终。

六三：看见一辆拉货的车，拉车的牛拉得很吃力，赶车的人是一个烙了额，割了鼻子的奴隶。起初车子难以启动，后来终于拉动了。虽然开始时有困难和难以相合，但最终还是可以到达目的地。

象曰：见舆曳，位不当也；无初有终，遇刚也。

《象辞》说：看见一个烙额割鼻的奴隶在拉车，爻象表明，六三阴爻而居于阳位，所处不当，像人落入了悲苦的境地。起初不顺，结局还好，因为六三阴爻上进遇到九四阳爻，像人得到强者的帮助。

六三爻动变得《周易》第十四卦：火天大有。

九四爻详解：

九四。睽孤。遇元夫，交孚，厉，无咎。

九四：到处都是对立，孤独无援，但正好遇到了一位充满阳刚的大丈夫，彼此信任，相互理解，虽有危险，但却能免去灾祸。

象曰：交孚无咎，志行也。

《象辞》说：诚信交往无有灾殃，就在于他们有着共同的志向和行动。

九四爻动变得《周易》第四十一卦：山泽损。

六五爻详解：

六五。悔亡，厥宗噬肤，往，何咎。

六五：悔恨消失，虽然受到同族宗人的墨刑，现在前往他处，一路平安无事。

象曰：厥宗噬肤，往有庆也。

《象辞》说：受到同族宗人的墨刑，离开本身就值得庆贺。

六五爻动变得《周易》第十卦：天泽履。

上九爻详解：

上九。睽孤，见豕负涂，载鬼一车。先张之弧，后说之弧，匪寇婚媾，往，遇雨则吉。

上九：对立已达到了顶点，一人孤独在外，看到一头沾满污泥的猪，又看见一辆载满鬼怪的车，于是就拉开了弓准备对付它，但是后来又放下了弓，因为冷静下来一看，发现并不是强盗，而是前来求婚的伴侣。这时如果能前往，就会像遇到阴阳相配形成润泽的雨一样，顺乎自然，合乎天意，一定会获得吉祥。

象曰：遇雨之吉，群疑亡也。

《象辞》说：上九爻辞讲的旅人途遇婚媾之人，开始相互猜疑，几致动武，后来相安无事，遇雨吉祥，照常旅行。这是因为双方疑惧消失了。

上九爻动变得《周易》第五十四卦：雷泽归妹。

第三十九卦　蹇

蹇：（蹇滞艰难之卦，山高水长之象）

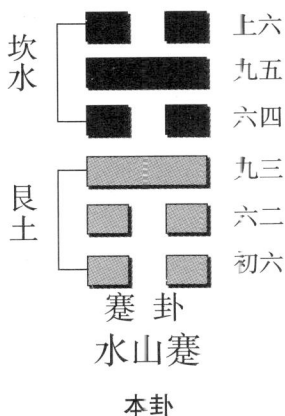

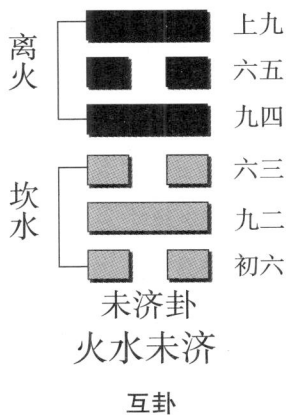

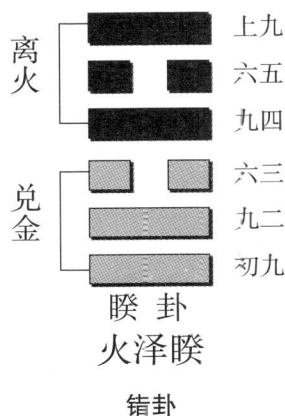

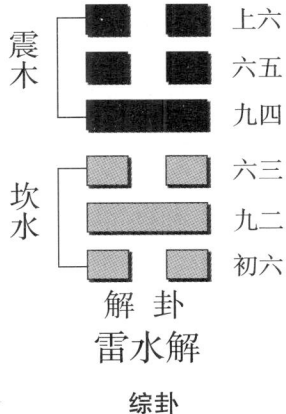

坎水

▋▋ ▋▋	上六
▋▋▋▋▋	九五
▋▋ ▋▋	六四

艮土

▋▋▋▋▋	九三
▋▋ ▋▋	六二
▋▋ ▋▋	初六

蹇 卦
水山蹇
本卦

离火

▋▋▋▋▋	上九
▋▋ ▋▋	六五
▋▋▋▋▋	九四

坎水

▋▋ ▋▋	六三
▋▋▋▋▋	九二
▋▋ ▋▋	初六

未济卦
火水未济
互卦

离火

▋▋▋▋▋	上九
▋▋ ▋▋	六五
▋▋▋▋▋	九四

兑金

▋▋ ▋▋	六三
▋▋▋▋▋	九二
▋▋▋▋▋	初九

睽 卦
火泽睽
错卦

震木

▋▋ ▋▋	上六
▋▋ ▋▋	六五
▋▋▋▋▋	九四

坎水

▋▋ ▋▋	六三
▋▋▋▋▋	九二
▋▋ ▋▋	初六

解 卦
雷水解
综卦

卦象 蹇：水山蹇，险阻在前；卦象：下艮上坎。坎为水，艮为山。水积山下，山高水深，行路艰难。艮又有停止的意思，坎险在前，艮止在后，所以此卦还有行人被险阻所困，进退两难的含义。

象曰：山上有水，蹇。君子以反身修德。

《象辞》说：高山上有大水，山高水深，行走艰难。君子观此卦象，悟知遭遇艰难之时，最好的办法是反求于自身，加强自我修养，寻找并克服自身存在的问题，通过勤勉自励才能度过困境。这与孟子"行有不得者，皆反求诸己"的观点是一致的。

《周易》卦爻辞原文：
蹇：利西南，不利东北；利见大人，贞吉。
初六：往蹇，来誉。
六二：王臣蹇蹇，匪躬之故。
九三：往蹇来反。
六四：往蹇来连。
九五：大蹇朋来。
上六：往蹇来硕，吉；利见大人。

"蹇"象征陷入困境，难以前进。面对这种情况，利于向西南行动，不利于向东北行动。此时利于出现大人物，只要能够坚守正道，始终如一，就一定可以获得吉祥。

初六爻详解：
初六。往蹇，来誉。
初六：出门艰难，归来安适。
象曰：往蹇来誉，宜待也。

《象辞》说：出门艰难，归来安适，知难而退，坐待时机。

初六爻动变得《周易》第六十三卦：水火既济。

六二爻详解：

六二。王臣蹇蹇，匪躬之故。

六二：臣子为了解救君王的困境努力奔走在危难之中。如果是为了自己，他是用不着这样做的。

象曰：王臣蹇蹇，终无尤也。

《象辞》说：王臣出以公心屡犯艰难，其自身始终没有过失。

六二爻动变得《周易》第四十八卦：水风井。

九三爻详解：

九三。往蹇来反。

九三：前进艰难，及早返回。

象曰：往蹇来反，内喜之也。

《象辞》说："前进将陷于危难，最好还是返回原地"，这样内部的力量必会来依附于己。

九三爻动变得《周易》第八卦：水地比。

六四爻详解：

六四。往蹇来连。

六四：如果前进有危难，就该联合其他力量，只有这样，才可能解救危难。

象曰：往蹇来连，当位实也。

《象辞》说：出门步履艰难，归来时却有车可乘，因为六四阴爻居阴位，像人才正当其位，德符其名。这一爻所处的位置决定了他应该这样去做。

六四爻动变得《周易》第三十一卦：泽山咸。

九五爻详解：

九五。大蹇朋来。

九五：处境极为艰难，却有众多的人来协助他度过危难。

象曰：大蹇朋来，以中节也。

《象辞》说：大难当前，得到友人相助，因为九五之爻居上卦中位，表明他能够坚守正道，行为合乎准则，所以有众多的人前来协助他。

九五爻动变得《周易》第十五卦：地山谦。

上六爻详解：

上六。往蹇来硕，吉。利见大人。

上六：如果前进就会陷入险境，退回来却可以大有收获，这样做就会吉祥如意；有利于出现大人物。

象曰：往蹇来硕，志在内也；利见大人，以从贵也。

《象辞》说：出门困难重重，归来欢喜跳跃，是因为关键在于首先要联合自己内部的各种力量才能够共同度过艰难时期。"利于出现大人物"，说明追随贵人，必获福利。

上六爻动变得《周易》第五十三卦：风山渐。

第四十卦　解

解：（春雷行雨之卦，忧散喜生之象）

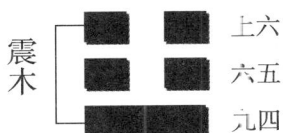

震木

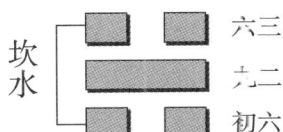

坎水

解　卦
雷水解

本卦

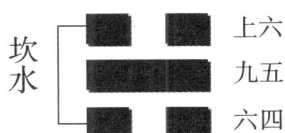

坎水

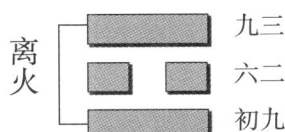

离火

既济卦
水火既济

互卦

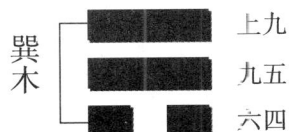

巽木

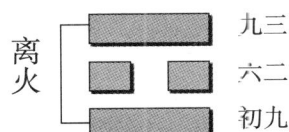

离火

家人卦
风火家人

错卦

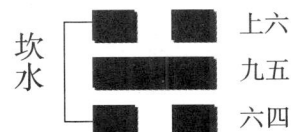

坎水

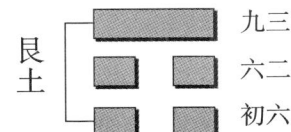

艮土

蹇　卦
水山蹇

综卦

197

卦象 解：雷水解，柔道致治，象征解脱，解除险难；卦象：下坎上震。震为雷，为动，坎为水，为险；严冬时节天地闭塞，静极而动，震动在外，坎险在内，动于险外，有出乎险而患难解散之象。坎又代表雨：为春雷阵阵，春雨锵锵，万物萌芽焕发生机，因此"雷雨作"有"舒解"之象，所以解卦有解除危难的含义。

象曰：雷雨作，解。君子以赦过宥罪。

《象辞》说：天地解而雷雨作，雷雨作而百木丰。君子观此卦象，从中悟出一个道理：天地尚有"雷雨作"致使万物焕发生机的时候，对人民的刑罚也应有所轻缓，因此君子赦免过失，宽宥罪恶以体现宽以为怀的仁心。

解卦反映了古代的一种法律思想，中国古代司法讲究赦宥，《周礼·司刺》掌赦宥之法，其中就有三赦三宥然后用刑的说法。

《周易》卦爻辞原文：

解：利西南，无所往，其来复，吉。有攸往，夙吉。

初六：无咎。

九二：田获三狐，得黄矢，贞吉。

六三：负且乘，致寇至，贞吝。

九四：解而拇，朋至斯孚。

六五：君子维有解，吉；有孚于小人。

上六：公用射隼于高墉之上，获之；无不利。

"解"象征着灾祸危难的舒解：利于往西南方行事。无所前往，返回来，吉祥。有所前往，早些行动，吉祥。

初六爻详解：

初六。无咎。

初六：处在危难才解的情形下，是没有什么过失和不当的。

象曰：刚柔之际，义无咎也。

《象辞》说：初六与九二相接，为刚柔相应之象，喻君臣、夫妻同舟共济，其义自无灾难。

初六爻动变得《周易》第五十四卦：雷泽归妹。

九二爻详解：

九二。田获三狐，得黄矢，贞吉。

九二：畋猎获得三只狐狸，猎物身上带着铜箭头，象征美德的黄色箭矢，保持这种品德并坚守自己的职责而持之以恒，那将会是非常吉祥的。

象曰：九二贞吉，得中道也。

《象辞》说：九二之爻居下卦中位，像其人行事遵循正道，符合事物发展的规律。

九二爻动变得《周易》第十六卦：雷地豫。

六三爻详解：

六三。负且乘，致寇至，贞吝。

六三：带着许多财物，又是背负，又是车拉，招摇过市，自然招致盗寇抢劫，卜问有灾祸之象。

象曰：负且乘，亦可丑也；自我致戎，又谁咎也。

《象辞》说："肩扛着沉重的东西，却又坐在华丽的大车上"，这样的行为简直是太招谣了，必然会带来灾祸。由于自己的原因而招致盗寇，这又能去责怪谁呢？只能是自作自受罢了。

六三爻动变得《周易》第三十二卦：雷风恒。

九四爻详解：

九四。解而拇，朋至斯孚。

九四：如果能像伸展自如的拇指那样摆脱小人对自己的纠缠，志同道合的人就会真心信任，坦诚相助。

象曰：解而拇，未当位也。

《象辞》说：能解开羁绊的东西（小人），还需要进到当进的位置。

九四爻动变得《周易》第七卦：地水师。

六五爻详解：

六五。君子维有解，吉，有孚于小人。

六五：君子被拘囚后又获释，消除解脱了危难祸患，吉利；小人则将受罚。

象曰：君子有解，小人退也。

《象辞》说：君子如果能够消除解脱危难祸患，小人就自然会畏惧退避的。

六五爻动变得《周易》第四十七卦：泽水困。

上六爻详解：

上六。公用射隼于高墉之上，获之，无不利。

上六：卓越的王公，用箭去射那盘踞在高城上的恶鸟，一箭射中，没有什么不利的。

象曰：公用射隼，以解悖也。

《象辞》说：王公射鹰，意在除强去暴，君主应如此去解除因悖逆所造成的危难。

上六爻动变得《周易》第六十四卦：火水未济。

第四十一卦　损

损：（以德报怨之卦，山高水深之象）

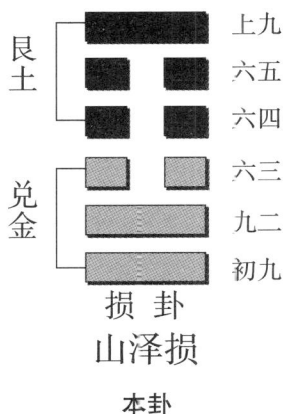

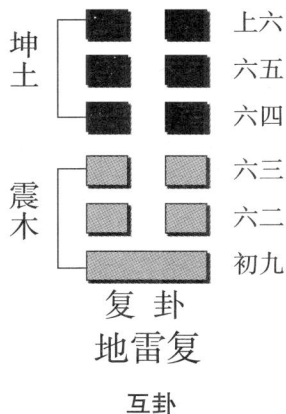

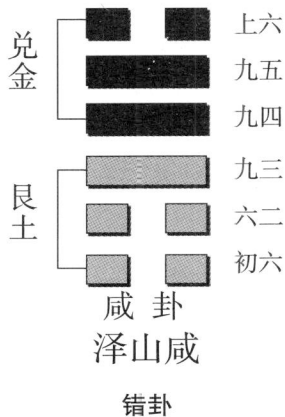

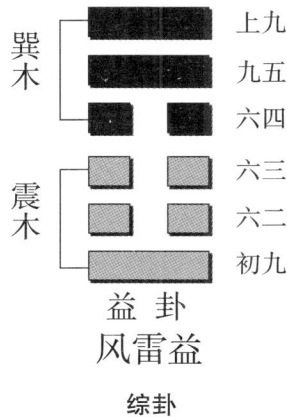

艮
土

上九
六五
六四
六三
九二
初九

损　卦
山泽损

本卦

坤
土

上六
六五
六四
六三
六二
初九

震
木

复　卦
地雷复

互卦

兑
金

上六
九五
九四
九三
六二
初六

艮
土

咸　卦
泽山咸

错卦

巽
木

上九
九五
六四
六三
六二
初九

震
木

益　卦
风雷益

综卦

卦象 损：山泽损，损益制衡；卦象：下兑上艮。兑为泽，艮为山。山下有泽，泽水侵蚀山脚，使山受损。山下有泽，也使山上枝繁叶茂，泽越深越广，山越繁越茂，以泽之自损以增山高，损之而益，益之而损，这是损卦的卦象。

象曰：山下有泽，损。君子以惩忿窒欲。

《象辞》说：山下有泽，其道上行，泽自损到地下，使自己成为泽，以所损出之土使山增高，成其为山，这是损卦中的自然现象。君子观此卦象，由此领悟到，损之而益，益之而损，所以应抑制愤愤不平之心，控制多欲之念。

《周易》卦爻辞原文：

损：有孚，元吉，无咎，可贞，利有攸往。曷之用？二簋可用享。

初九：已事遄往，无咎，酌损之。

九二：利贞，征凶；弗损，益之。

六三：三人行，则损一人；一人行，则得其友。

六四：损其疾，使遄有喜，无咎。

六五：或益之十朋之龟，弗克违；元吉。

上九：弗损，益之；无咎，贞吉。利有攸往，得臣无家。

"损"象征减损：内心有诚意，最为吉祥，不会招来祸患，可以坚守正道，利于前去行事。用什么祭祀神灵呢？两簋（古代盛食物的器具，圆口，有两个耳子）粗淡的食物就足够了。

初九爻详解：

初九。已事遄往，无咎，酌损之。

初九：停下正在做的事情前去助人，不会有过错，损己助人时要把握分寸。

象曰：巳事遄往，尚合志也。

《象辞》说："停下正在做的事情前去助人"，处在尊位的柔弱之辈正需要帮助，地位早下的阳刚之士首当其冲，义不容辞，牺牲自己的利益而成人之美，说明与居上位者心志相合。

初九爻动变得《周易》第四卦：山水蒙。

九二爻详解：

九二。利贞，征凶。弗损，益之。

九二：利于坚守正道，主动出击会有凶险；用不着自我减损就可以使他人受益。

象曰：九二利贞，中以为志也。

《象辞》说：九二之爻居下卦中位，之所以利于坚守正道，是因为处在不上不下的位置上，本身地位又不很稳固，不宜于积极行动，只有持中庸态度才能够受益。

九二爻动变得《周易》第二十七卦：山雷颐。

六三爻详解：

六三。三人行，则损一人；一人行，则得其友。

六三：三个人一同前进，由于互相掣肘会使一个人受到伤害；一个人独自行动，就会专心一意地寻求伙伴，最终必定能遇到志同道合的朋友。

象曰：一人行，三则疑也。

《象辞》说：一个人前去目的明确，可以顺利取得成功。三个人一齐前去，则会相互猜疑而达不到预期目的。说明损下益上不能不分情况地一窝蜂上，而要审时度势，讲求实效。

六三爻动变得《周易》第二十六卦：山天大畜。

六四爻详解：

六四。损其疾，使遄有喜，无咎。

六四：尽量减损克服自身的弱点，准备迎接马上到来的喜庆，不会有任何灾祸。

象曰：损其疾，亦可喜也。

《象辞》说：本身很柔弱，又处在比较尊贵的地位上。尽量克服自身弱点的举动，也是十分可喜的事情。

六四爻动变得《周易》第三十八卦：火泽睽。

六五爻详解：

六五。或益之十朋之龟，弗克违。元吉。

六五：有人送来价值十朋（古时候货币单位，双贝为一朋）的大宝龟，想推辞都不行，大吉大利。

象曰：六五元吉，自上佑也。

《象辞》说：第五爻位之所以获得大吉大利，完全是上天保佑的结果。因为六五爻本身阴柔，居于尊位，仍想着自我减损而使他人受益，这样不但得到大众的广泛助益，也博得了上天的好感。

六五爻动变得《周易》第六十一卦：风泽中孚。

上九爻详解：

上九。弗损，益之，无咎，贞吉。利有攸往，得臣无家。

上九：用不着自我减损就可以使他人受益；没有一点灾患，十分吉利，前去行事，定能获得天下万民归心。

象曰：弗损益之，大得志也。

《象辞》说：不用减损，就能增益他人，说明在最大程度上实现了志愿。上九处在损卦最高位置，不用自我减损也可以有益他人，这当然是损卦的最高境界。

上九爻动变得《周易》第十九卦：地泽临。

第四十二卦　益

益:（迁善改过之卦．风雷交错之象）

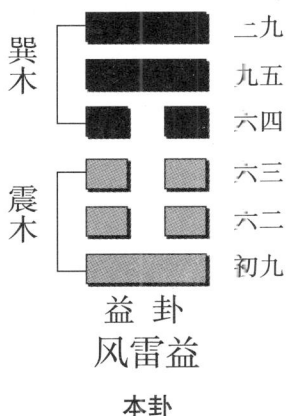

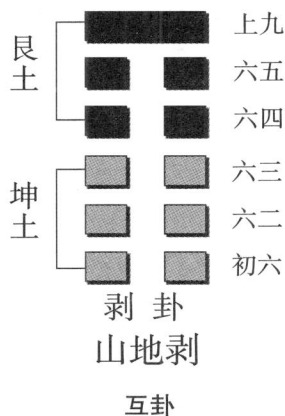

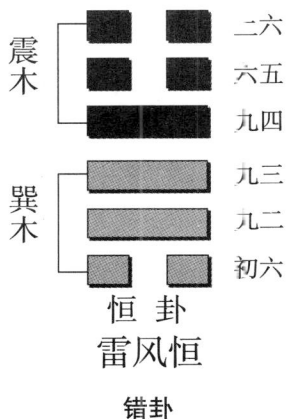

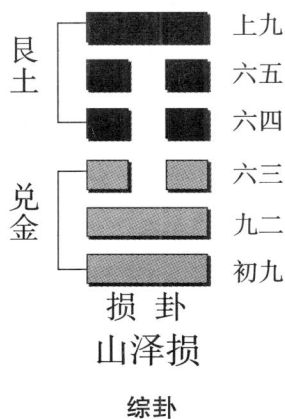

<table>
<tr><td>巽木</td><td>二九</td><td>艮土</td><td>上九</td></tr>
<tr><td></td><td>九五</td><td></td><td>六五</td></tr>
<tr><td></td><td>六四</td><td></td><td>六四</td></tr>
<tr><td>震木</td><td>六三</td><td>坤土</td><td>六三</td></tr>
<tr><td></td><td>六二</td><td></td><td>六二</td></tr>
<tr><td></td><td>初九</td><td></td><td>初六</td></tr>
</table>

益　卦
风雷益

本卦

剥　卦
山地剥

互卦

<table>
<tr><td>震木</td><td>二六</td><td>艮土</td><td>上九</td></tr>
<tr><td></td><td>六五</td><td></td><td>六五</td></tr>
<tr><td></td><td>九四</td><td></td><td>六四</td></tr>
<tr><td>巽木</td><td>九三</td><td>兑金</td><td>六三</td></tr>
<tr><td></td><td>九二</td><td></td><td>九二</td></tr>
<tr><td></td><td>初六</td><td></td><td>初九</td></tr>
</table>

恒　卦
雷风恒

错卦

损　卦
山泽损

综卦

卦象 益：风雷益，损上益下，象征增多、补益；卦象：下震上巽，上卦为巽为风，下卦为震为雷。风烈则雷迅，雷激则风怒，两相助益，所以说风雷相益。

象曰：风雷，益。君子以见善则迁，有过则改。

《象辞》说：风驰雷鸣，"雷者，动阳气者也，故人心奋发，而勇于善者如之；风者，散阴气者也，故人心荡涤，以消其恶者如之。"君子观此卦象，知道改过和从善也是互相促进、互相助益的，同时根据风雷相益和风雷迅疾的特点，改过从善时雷厉风行，毫不犹豫，以此来增益自己的道德修养。

《周易》卦爻辞原文：

益：利有攸往，利涉大川。

初九：利用为大作，元吉，无咎。

六二：或益之十朋之龟，弗克违，永贞吉。王用享于帝，吉。

六三：益之用凶事，无咎；有孚中行，告公用圭。

六四：中行，告公从；利用为依迁国。

九五：有孚惠心，勿问，元吉；有孚，惠我德。

上九：莫益之，或击之，立心勿恒，凶。

"益"象征增益：利于前去行事，利于渡大河越巨流。

初九爻详解：

初九。利用为大作，元吉，无咎。

初九：利于大显身手干一番事业，大吉大利，不会遭到责难。

象曰：元吉无咎，下不厚事也。

《象辞》说：大吉无灾，是因为居下位者不以厚重之事而为难。在大显身手干事业的时候，不要铺张奢侈，不能好大喜功，使民众过分辛劳，这样才能免遭责难。

初九爻动变得《周易》第二十卦：风地观。

六二爻详解：

六二。或益之十朋之龟，弗克违，永贞吉。王用享于帝，吉。

六二：有人送来价值昂贵的大乌龟，没有办法辞让，占卜结果是吉祥如意的；君王如果在此时祭祀天神，祈求降福保佑，也会如愿以偿，吉利。

象曰：或益之，自外来也。

《象辞》说："外边送来（价值昂贵的大乌龟）"，这样的好事并不是由于贪婪而主动索取的结果，完全是他人心甘情愿送上门来的意外收获。

六二爻动变得《周易》第六十一卦：风泽中孚。

六三爻详解：

六三。益之用凶事，无咎。有孚中行，告公用圭。

六三：因为武王逝世，增加祭祀鬼神的祭物，没有灾祸。武庚乘国丧作乱，周公发兵征讨，大获全胜，抓获俘虏。中衍向周公报告，从而举行祭祀。

将所得到的好处用来帮助他人解除危难和灾祸，这样才不会引起麻烦；要满怀诚意地按照中庸之道行事，拜见王公贵人时一定要手执象征虔诚守信的圭玉。

象曰：益用凶事，固有之也。

《象辞》说：将得到的好处用来解救他人的危难之事，是保全自身的最好办法。因为身处显赫地位，得到过许多好处，同时也埋下了祸根，只有把这些好处用来助人，才能得人心，免除灾祸，从而可以巩固自己的地位。

六三爻动变得《周易》第三十七卦：风火家人。

六四爻详解：

六四。中行，告公从。利用为依迁国。

六四：中衍向周公报告了处理殷室遗民之事，周公听从了，顺利地将殷商遗民分封给各国。

采取温和宽厚的中庸态度行事，有事求告于王公的话，王公会很乐意地答应，此时最有利于借助王公的威望来决定迁徙国都这样的大事。

象曰：告公从，以益志也。

《象辞》说：周公听从了王命，说明君臣上下团结。"有事求告于王公的话，王公会很乐意地答应"并不是由于别的原因，完全是甘愿自我减损而使天下大众受益的志向感动了王公贵人。

六四爻动变得《周易》第二十五卦：天雷无妄。

九五爻详解：

九五。有孚惠心，勿问，元吉。有孚，惠我德。

九五：捕获了很多俘虏，安抚他们，不必追究，大吉大利。这些俘虏，将感戴我的恩德。

满腹虔诚地怀着一颗使天下人受惠的仁慈之心，不用占卦问卜就知道是大吉大利。将心比心天下人必然也都虔诚地怀着施惠于我、感我恩德的心愿。

象曰：有孚惠心，勿问之矣。惠我德，大得志也。

《象辞》说："满腹虔诚地怀着一颗使天下受惠的仁慈之心"，作为至高无上的君长，能够做到这样确实难能可贵，根本用不着占卦问卜，吉祥如意将永远伴随着他；天下人都虔诚地感激我的大恩大德，这种万民归心的盛况，使我自行减损造福大众的心志得到了极大的满足。

九五爻动变得《周易》第二十七卦：山雷颐。

上九爻详解：

上九。莫益之，或击之，立心勿恒，凶。

上九：没有谁来让他受益，倒是有人来攻击他；内心拿定主意却不能持之以恒，必然会有凶险临头。

象曰：莫益之，偏辞也。或击之，自外来也。

《象辞》说："没有谁来让他受益"，是因为背离了益卦损己益人的宗旨，由损上益下变为损下益上，必然遭到世人的唾弃，他要求受益的呼声就只能是一厢情愿之辞；"倒是有人来攻击他"，因为他凌驾于君王之上，位置不当，而且贪图利益，搞得天怒人怨，遭到外来的攻击也就毫不奇怪。

上九爻动变得《周易》第三卦：水雷屯。

第四十三卦 夬

夬:（果断决绝之卦，泽被万物之象）

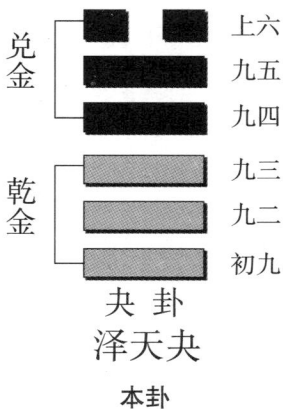

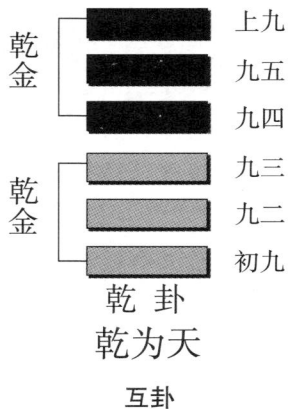

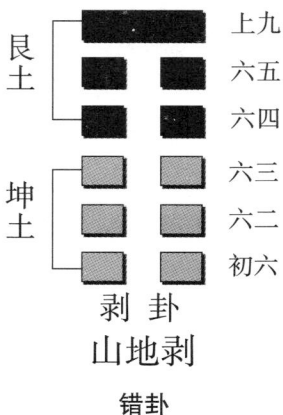

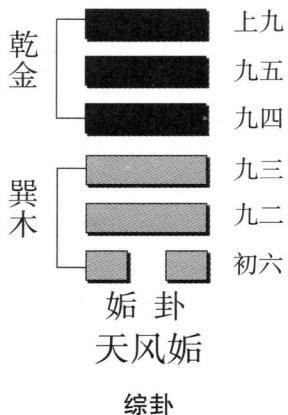

兑
金

| | 上六 |
| 九五 |
| 九四 |

乾
金

| 九三 |
| 九二 |
| 初九 |

夬 卦
泽天夬
本卦

乾
金

| 上九 |
| 九五 |
| 九四 |

乾
金

| 九三 |
| 九二 |
| 初九 |

乾 卦
乾为天
互卦

艮
土

| 上九 |
| 六五 |
| 六四 |

坤
土

| 六三 |
| 六二 |
| 初六 |

剥 卦
山地剥
错卦

乾
金

| 上九 |
| 九五 |
| 九四 |

巽
木

| 九三 |
| 九二 |
| 初六 |

姤 卦
天风姤
综卦

卦象 夬：泽天夬，象征决裂，决断；卦象：上为兑，下为乾。兑为泽，乾为天。泽中的水被烈日烤晒变为水汽升腾到天上，表明强大的阳气，将阴气驱逐到天上，意为决裂。

象曰：泽上于天，夬。君子以施禄及下，居德则忌。

《象辞》说：泽气上升，决注成雨，雨施大地，滋润万物，是夬卦的卦象。君子观夬卦"泽上于天"之象，知道水汽积聚于天不形成雨，天下就会干旱，造成损失。运用到治国方面，就像恩泽集结于国君而不造福民众，就会给民众带来灾难，使民众产生抱怨。因此君子积聚恩德，像天降雨滋润万物一样"施禄及下"，泽被民众，而不"居德"，以免人民生怨。

《周易》卦爻辞原文：

夬：扬于王庭，孚号有厉，告自邑，不利即戎，利有攸往。

初九：壮于前趾，往不胜，为咎。

九二：惕号，莫夜有戎，勿恤。

九三：壮于颒，有凶。君子夬夬，独行，遇雨若濡，有愠，无咎。

九四：臀无肤，其行次且；牵羊悔亡，闻言不信。

九五：苋陆夬夬，中行无咎。

上六：无号，终有凶。

"夬"象征果决：在宫廷之上当面宣布小人的罪过，真诚地大声疾呼，告诫国人，不利于动用武力，利于前去有理有节地解决问题。

卦爻辞将"夬"引申为决断和决策，决策的正确与否，将关系到邦国的安危，所以君子不惜以命相抗，撞伤了脚，撞伤了脸，臀部皮开肉绽也在所不惜，这就是"文谏死，武战死"的精神出处。

初九爻详解：

初九。壮于前趾，往不胜，为咎。

初九：撞伤了脚趾，若急匆匆前去，不能完成制裁小人的使命，还会遇到灾祸。

象曰：不胜而往，咎也。

《象辞》说：脚力不胜而继续行进，必有灾殃。是说君王不能一开始就用武力去对付武力，因为君王的卫戍武装是不能与将帅的能征善战兵力作较量的，若君王不自量力去讨伐拥有雄兵强将的将帅，如果战胜不了，那就凶险异常。

初九爻动变得《周易》第二十八卦：泽风大过。

九二爻详解：

九二。惕号，莫夜有戎，勿恤。

九二：忽然听到惊叫声，深夜里小人来犯，用不着担忧，不足为患。

象曰：有戎勿恤，得中道也。

《象辞》说："深夜小人来犯，用不着担忧"，这是因为九二爻处在下卦的中位，行为符合中道，尽管遭到小人的骚扰，终究是有惊无险，可以化险为夷。

九二爻动变得《周易》第四十九卦：泽火革。

九三爻详解：

九三。壮于頄，有凶。君子夬夬，独行，遇雨若濡，有愠，无咎。

九三：撞伤了脸，本邦邑可能有凶险。君子独行前去解决问题，途中遇雨，淋得透湿，心中有怒气，却如同毛毛细雨淋湿了一点头发和衣服那样满不在乎，没有失去理智，这样就没有凶险。

象曰：君子夬夬，终无咎也。

《象辞》说："若是君子气度毅然决然地前去"，不露声色地与小人周旋，就能够避免打草惊蛇引起不测，又可斩断纠葛，避免优柔寡断，因而不会遇到灾祸。

九三爻动变得《周易》第五十八卦：兑为泽。

九四爻详解：

九四。臀无肤，其行次且。牵羊悔亡，闻言不信。

九四：屁股上蹭破了皮，前去制裁小人的行程必然步履维艰；若是牵着羊（象征阳刚）行走，则悔恨消失，听到此言却不相信。

象曰：其行次且，位不当也；闻言不信，聪不明也。

《象辞》说：行路艰难，因为九四阳爻而居阴位，处境不利，处处受到君王的掣肘。别人建议他借重阳刚君子的帮助，他却听不进去，听觉正常而决断不明。

九四爻动变得《周易》第五卦：水天需。

九五爻详解：

九五。苋陆夬夬，中行无咎。

九五：君王平叛一定要果断，要像铲除苋陆草那样去铲除叛乱者；但是，在平叛过程中，切忌杀戮过甚，株连太多，只有这样，才会无咎。

象曰：中行无咎，中未光也。

《象辞》说：居中而行虽无灾殃，但中正之道尚未光大。表明尽管处在尊贵地位，却也不能做得太过分，要恰到好处才能避免灾祸。这也说明坚守正道的举动并未大放光彩，仅仅起到免除祸殃的作用而已。

九五爻动变得《周易》第三十四卦：雷天大壮。

上六爻详解：

上六。无号，终有凶。

上六：号啕大哭也没有用，最终必然有凶险临头。

象曰：无号之凶，终不可长也。

《象辞》说：国无号令，其势必遭凶险，说明国运衰微，到了终点不可能长久。上六以阴柔小人凌驾于阳刚君子之上，是众矢之的。

上六爻动变得《周易》第一卦：乾为天。

第四十四卦　姤

姤：（聚散随缘之卦，风云际会之象）

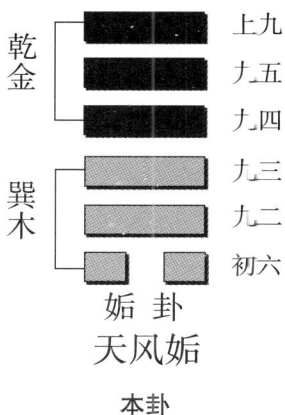

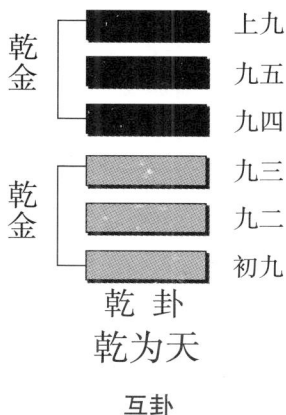

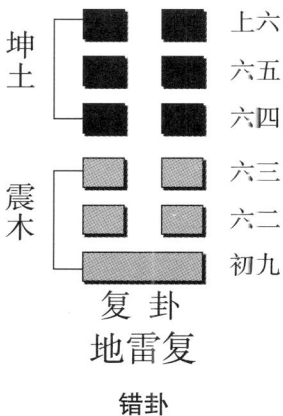

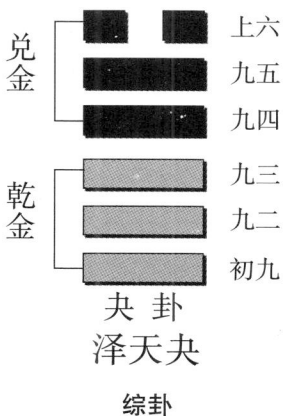

<table>
<tr><td>乾金</td><td>上九
九五
九四</td></tr>
<tr><td>巽木</td><td>九三
九二
初六</td></tr>
</table>

姤 卦
天风姤
本卦

<table>
<tr><td>乾金</td><td>上九
九五
九四</td></tr>
<tr><td>乾金</td><td>九三
九二
初九</td></tr>
</table>

乾 卦
乾为天
互卦

<table>
<tr><td>坤土</td><td>上六
六五
六四</td></tr>
<tr><td>震木</td><td>六三
六二
初九</td></tr>
</table>

复 卦
地雷复
错卦

<table>
<tr><td>兑金</td><td>上六
九五
九四</td></tr>
<tr><td>乾金</td><td>九三
九二
初九</td></tr>
</table>

夬 卦
泽天夬
综卦

卦象 姤：天风姤，天下有风。卦象：下巽上乾。乾为天，巽为风。大风在天下吹过，与万物相遇，不期而遇就是邂逅（姤），所以卦名姤。象征相遇、交互为婚姻。阴阳的相互遇合，顺乎自然发展的规律，才能有万物的昌盛，才能有人类的繁衍和社会的稳定。

象曰：天下有风，姤。后以施命诰四方。

《象辞》说：天下有风吹动，是姤卦的卦象。君王观此卦象，从而效法于风行天下无所不遇的道理，广泛地了解民众，像风行天下一样把命令传布到所有的角落，使所有的人都能遵照执行，这样就可以使君民保持紧密的联系，使国家得到更为有效的治理。

《周易》卦爻辞原文：

姤：女壮，勿用取女。

初六：系于金柅，贞吉；有攸往，见凶，羸豕孚蹢躅。

九二：包有鱼，无咎，不利宾。

九三：臀无肤，其行次且，厉，无大咎。

九四：包无鱼，起凶。

九五：以杞包瓜，含章，有陨自天。

上九：姤其角，吝，无咎。

"姤"象征相遇：女子过分强壮，不适合娶来做妻子。

初六爻详解：

初六。系于金柅，贞吉。有攸往，见凶，羸豕孚蹢躅。

初六：细柔之线牵附于黄铜柅子之上，这是吉利的贞兆。若占问有所往，则必逢凶险，就像瘦弱的猪被不情愿地拖回来。

象曰：系于金柅，柔道牵也。

《象辞》说："绑上坚固结实的车闸"，紧急关头就可以使车轮与车闸"相遇"，而使狂奔的车子刹住。柔物被牵制于刚物，引申为遇到强硬的对手，不要去硬碰，应该用柔韧的手段牵制对手，达到以柔克刚的效兵。

初六爻动变得《周易》第一卦：乾为天。

九二爻详解：

九二。包有鱼，无咎，不利宾。

九二：厨房里发现鱼，不会有灾祸；但不利于拿来宴请宾客。

象曰：包有鱼，义不及宾也。

《象辞》说：厨中有鱼，有鱼无肉，乃小康之象，不宜大肆宴请宾客。

九二爻动变得《周易》第三十三卦：天山遁。

九三爻详解：

九三。臀无肤，其行次且，厉，无大咎。

九三：屁股上蹭破了皮，走起路来很困难；会遇到危险，但不会有大的灾祸。

象曰：其行次且，行未牵也。

《象辞》说：行走困难，因为没有人扶持。表明在路上会遇到艰险，但尽管艰难，却并未完全受到牵制，还可以继续前进。

九三爻动变得《周易》第六卦：天水讼。

九四爻详解：

九四。包无鱼，起凶。

九四：厨中无鱼。筮遇此爻，有所动作必遭凶险。

象曰：无鱼之凶，远民也。

《象辞》说：九四阳爻而居阴位，像君王失其权位，脱离民众。厨房里没有鱼而引起凶险，就好像君主失去民众百姓的支持，当然会发生凶险。

九四爻动变得《周易》第五十七卦：巽为风。

九五爻详解：

九五。以杞包瓜，含章，有陨自天。

九五：用杞树枝叶包住瓜果，内含华彩，好比内心怀着美好的品德，不必奔忙，称心的机遇就会自天而降。

象曰：九五含章，中正也；有陨自天，志不舍命也。

《象辞》说：九五爻辞讲的隐含文采，即指九五之爻居上卦中位，像人秉含中正之德。这样一来，其相遇的情形也是最完美的，用不着上下奔忙，就能与上天恩赐的福佑相遇。充分说明只要不违天命，就能有好的遇合。

九五爻动变得《周易》第五十卦：火风鼎。

上九爻详解：

上九。姤其角，吝，无咎。

上九：遭遇野兽，处于它的角锋之下，不是好兆头，但没有大的灾难。

象曰：姤其角，上穷吝也。

《象辞》说：上九阳爻居一卦之尽头，像人处于穷困之境地。"头上长角"，孤芳自赏，没有志同道合的伙伴与之相遇，而失去大众的支持，等待着的只有困穷不通的命运。

上九爻动变得《周易》第二十八卦：泽风大过。

第四十五卦　萃

萃:（精英荟萃之卦，地上湖海之象）

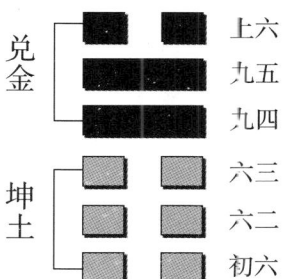

兑金

上六
九五
九四

坤土

六三
六二
初六

萃　卦
泽地萃

本卦

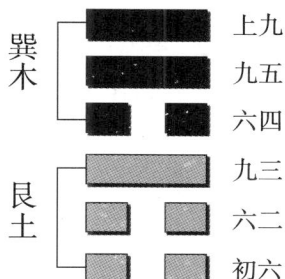

巽木

上九
九五
六四

艮土

九三
六二
初六

渐　卦
风山渐

互卦

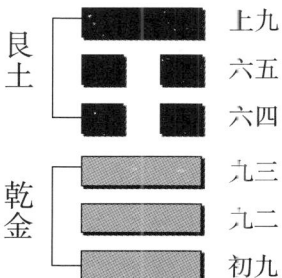

艮土

上九
六五
六四

乾金

九三
九二
初九

大畜卦
山天大畜

错卦

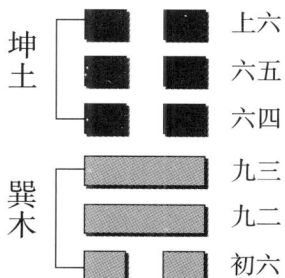

坤土

上六
六五
六四

巽木

九三
九二
初六

升　卦
地风升

综卦

卦象　萃：泽地萃，象征聚集；卦象：下卦是坤，是地，上卦是兑，是泽。地势较低，水集于低地而成泽，有聚集的含义，所以卦名萃，萃就是汇聚。

象曰：泽上于地，萃。君子以除戒器，戒不虞。

《象辞》说：泽水淹地，是萃卦的卦象。"人以类聚，物以群分。"事物久聚则必生变乱，人情久聚则难免变心。君子由自然界事物的汇聚而联系到人众的汇聚，人类的汇聚，既有纯属自然生态领域的内容，又有充满政治色彩的内容，因此君子观萃卦之象，应用到治国上，就要修治武器，加强防备，以防因聚众而产生的不测变乱。这体现出一种防患于未然的思想。

《周易》卦爻辞原文：

萃：亨。王假有庙，利见大人，亨，利贞。用大牲，吉，利有攸往。

初六：有孚不终，乃乱乃萃；若号，一握为笑；勿恤，往，无咎。

六二：引吉，无咎；孚乃利用禴。

六三：萃如嗟如，无攸利；往，无咎，小吝。

九四：大吉，无咎。

九五：萃有位，无咎；匪孚，元永贞，悔亡。

上六：赍咨涕洟，无咎。

"萃"象征聚合：亨通；君王到宗庙里祭祀，祈求神灵保佑，利于出现德高望重的大人物，亨通无阻而且有利于树立纯正的道德风尚；用牛羊等大的祭品献祭能够带来吉祥如意，利于前去行事。

初六爻详解：

初六。有孚不终，乃乱乃萃。若号，一握为笑。勿恤，往，无咎。

初六：有诚信而不坚持到底，就会时而散乱，时而聚集。众人喧哗呼号，只要彼此握手交流感情，就能化众怒为欢笑。用不着忧虑，前去行事不会遇到灾祸。

象曰：乃乱乃萃，其志乱也。

《象辞》说：混乱啊，憔悴啊，说明其人神志昏乱，内心的虔诚不能始终如一，陷于迷惑混乱所致。

初六爻动变得《周易》第十七卦：泽雷随。

六二爻详解：

六二。引吉，无咎。孚乃利用禴。

六二：引退谦让会带来吉祥，没有害处；只要内心怀着虔诚，即使举行微薄的禴祭（即春祭，古代四季祭祀之一），也能带来吉祥。

象曰：引吉无咎，中未变也。

《象辞》说：引退谦让会带来吉祥，没有灾难。六二阴爻居于下卦中位，像人坚守正道，位置居中而适当，当汇聚的时候，它既不偏激也不过于保守，虔诚地遵循中庸之道始终不曾改变，因而能够谦让而逢凶化吉。

六二爻动变得《周易》第四十七卦：泽水困。

六三爻详解：

六三。萃如嗟如，无攸利。往，无咎，小吝。

六三：聚集在一起嗟叹，无所利益；前去行事不会遇到灾祸，只有一点小小的麻烦。

象曰：往无咎，上巽也。

《象辞》说：出行无灾难，因为六三阴爻居于九四阳爻之下，遇到居于上位的阳刚气一足者。但居于下方的阴柔一方总能表现出谦逊而顺从，从而免去了可能出现的灾祸。

六三爻动变得《周易》第三十一卦：泽山咸。

九四爻详解：

九四。大吉，无咎。

九四：大吉大利，没有灾难。

象曰：大吉无咎，位不当也。

《象辞》说：贞兆本来是大吉大利，但结果仅仅是没有灾难，因为九四阳爻而居阴位，像才小德薄而居高位，论其官运则谓亨通，论其居官则求无灾祸而已。

九四爻动变得《周易》第八卦：水地比。

九五爻详解：

九五。萃有位，无咎。匪孚，元永贞，悔亡。

九五：当万方聚合之时居于尊贵的高位，不会遇到灾难，但也并没有取得大众的心悦诚服；德高望重的君长如果能坚定不移地主持正义，不轻易责罚别人，就可以避免因做错事而引起的后悔。

象曰：萃有位，志未光也。

《象辞》说：瘁心力于其职守，结果仅仅是没有灾祸，"万方聚合之时居于尊贵的高位"，并不能表明大会天下、四海归心的志向得到了发扬光大，还需要修持德行，树立威望，使大众心悦诚服。

九五爻动变得《周易》第十六卦：雷地豫。

上六爻详解：

上六。赍咨涕洟，无咎。

上六：唉声叹气而又哭哭啼啼，但没有灾难。

象曰：赍咨涕洟，未安上也。

《象辞》说：叹息流涕，忧心忡忡，因为上六之爻居于一卦的尽头，孤悬无据，像人虽居高位，但如履薄冰，惊恐度日。

上六爻动变得《周易》第十二卦：天地否。

第四十六卦　升

升:（加官晋爵之卦，地中生木之象）

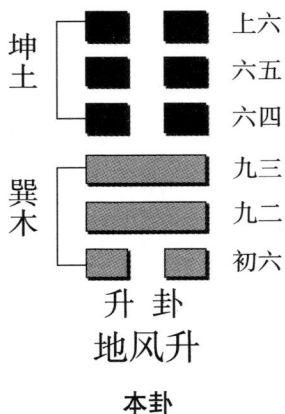

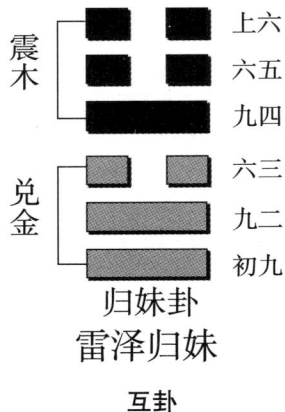

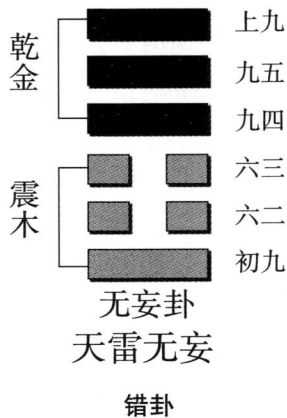

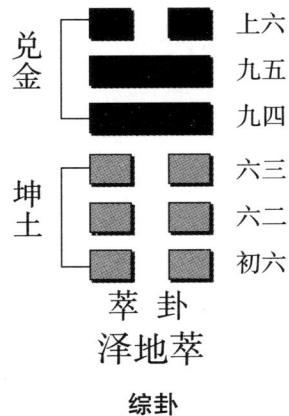

坤土
　　上六
　　六五
　　六四

巽木
　　九三
　　九二
　　初六

升　卦
地风升
本卦

震木
　　上六
　　六五
　　九四

兑金
　　六三
　　九二
　　初九

归妹卦
雷泽归妹
互卦

乾金
　　上九
　　九五
　　九四

震木
　　六三
　　六二
　　初九

无妄卦
天雷无妄
错卦

兑金
　　上六
　　九五
　　九四

坤土
　　六三
　　六二
　　初六

萃　卦
泽地萃
综卦

卦象 升：地风升，象征上升，发展，柔顺谦虚；卦象：下巽上坤。巽为木，坤为地。地中生出树木，由幼芽长成大树，正是上升之象，故卦名升。

象曰：地中生木，升。君子以顺德，积小以高大。

《象辞》说：地中生长出树木，是升卦的卦象。树木的生长是个日积月累、循序渐进的过程，其间不可急躁，不可改逆，不可助长，宜于顺理而进，以时而行，逐渐成长。君子观升卦"地中生木"之象，悟知德行与政绩的积累也要和树木生长一样，积累小善以成就崇高宏大的事业，不可幻想一朝成大事成大名而不顾小善的积累。

《周易》卦爻辞原文：

升：元亨，用见大人，勿恤。南征，吉。

初六：允升，大吉。

九二：孚乃利用禴，无咎。

九三：升虚邑。

六四：王用亨于岐山，吉，无咎。

六五：贞吉，升阶。

上六：冥升，利于不息之贞。

"升"象征上升：亨通，宜于出现权高位尊的大人物，用不着忧虑，向南方出征会带来吉祥。

初六爻详解：

初六。允升，大吉。

初六：靠信赖而上升，大吉大利。

象曰：允升大吉，上合志也。

《象辞》说："靠信赖上升而大吉大利"，是因为阴柔处在最卑下的地位，位于其上的阳刚者同情其处境，希望其尽快上升，所以合乎上面的意思。

初六爻动变得《周易》第十一卦：地天泰。

九二爻详解：

九二。孚乃利用禴，无咎。

九二：内心恭敬虔诚，即使微薄的禴祭也可以感动神灵，免除灾祸。

象曰：九二之孚，有喜也。

《象辞》说：内心虔诚仁厚，一心成人之美，深得众人信服，必定会给自身带来喜庆。

九二爻动变得《周易》第十五卦：地山谦。

九三爻详解：

九三。升虚邑。

九三：登临于建立在大丘之上的城邑。

象曰：升虚邑，无所疑也。

《象辞》说："上升到空旷的城邑"，这是因为没有任何阻碍，上升得十分顺利，不要有半点迟疑。

九三爻动变得《周易》第七卦：地水师。

六四爻详解：

六四。王用亨于岐山，吉，无咎。

六四：周王在岐山祭祀鬼神。筮遇此爻，吉利，并无灾祸。

象曰：王用亨于岐山，顺事也。

《象辞》说："君王到岐山祭祀神灵"，就是向神灵表示恭顺，诚惶诚恐地供奉神灵，结果必然会带来吉祥如意。

六四爻动变得《周易》第三十二卦：雷风恒。

六五爻详解：

六五。贞吉，升阶。

六五：占得吉兆，所占之事将逐步上升。

象曰：贞吉升阶，大得志也。

《象辞》说："占卜结果吉祥如意，乘势沿着台阶稳步上升"，表明上升已达到鼎盛时期，接近光辉的顶点。春风得意，踌躇满志。同时也表明阴柔居于尊位，必须稳健行事，循序渐进，不可像"升虚邑"那样冒进。

六五爻动变得《周易》第四十八卦：水风井。

上六爻详解：

上六。冥升，利于不息之贞。

上六：在昏暗幽冥状态下依然上升，只有坚持不懈地保持纯正品性，才能获得好的结果。

象曰：冥升在上，消不富也。

《象辞》说：上六之爻据一卦之首，爻位孤悬，已处在最高位，按照盛极而衰的道理，上升的势头必然会逐渐消退，再不会如原来那样富有进取精神了。

上六爻动变得《周易》第十八卦：山风蛊。

第四十七卦　困

困:（艰难困苦之卦，泽中无水之象）

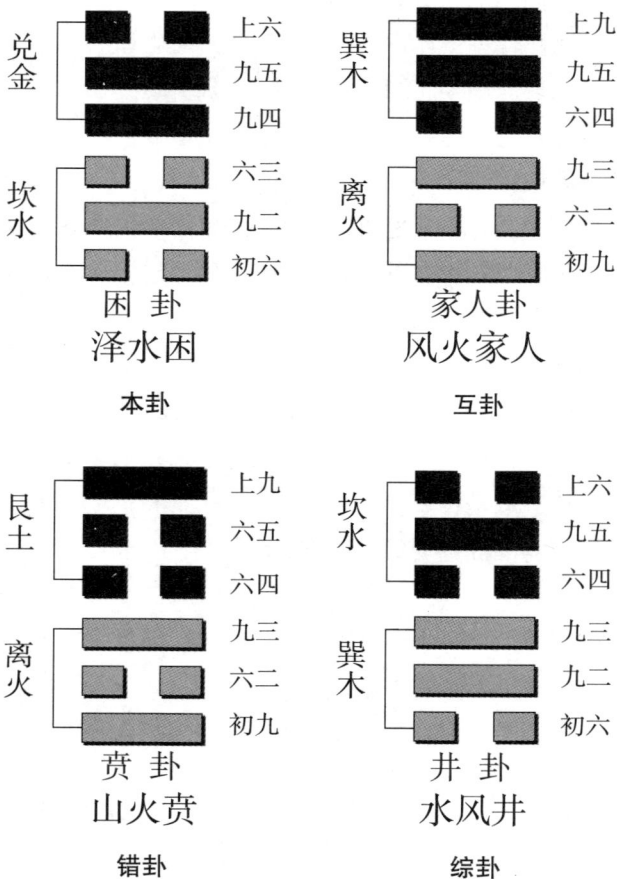

兑金

上六
九五
九四

坎水

六三
九二
初六

困 卦
泽水困

本卦

巽木

上九
九五
六四

离火

九三
六二
初九

家人卦
风火家人

互卦

艮土

上九
六五
六四

离火

九三
六二
初九

贲 卦
山火贲

错卦

坎水

上六
九五
六四

巽木

九三
九二
初六

井 卦
水风井

综卦

卦象 困：泽水困，象征穷困、受困，困境求通；卦象：下坎上兑。坎为水，兑为泽。水在泽下，泽中无水，干涸，为困。陷入困境，才智难以施展。

象曰：泽无水，困。君子以致命遂志。

《象辞》说：水渗泽底，泽中干涸，是困卦的卦象。君子观此卦象，以处境艰难自励，穷且志坚，在生命和信仰不能兼得的时候宁可舍生取义，也不改变自己的志向。这与孔子"三军可夺帅，匹夫不可夺志"的观点是一致的。

《周易》卦爻辞原文：

困：亨。贞，大人吉，无咎。有言不信。

初六：臀困于株木，入于幽谷，三岁不觌。

九二：困于酒食，朱绂方来，利用享祀；征凶，无咎。

六三：困于石，据于蒺藜；入于其宫，不见其妻，凶。

九四：来徐徐，困于金车，吝，有终。

九五：劓刖，困于赤绂；乃徐有说，利用祭祀。

上六：困于葛藟，于臲卼，曰动悔，有悔。征吉。

"困"象征困顿：亨通；占卜结果表明，神通广大的大人物可以获得吉祥，没有灾祸；此时许下的诺言很难令人相信。

初六爻详解：

初六。臀困于株木，入于幽谷，三岁不觌。

初六：屁股卡在木桩上坐立不安，退隐到幽深的山谷里，三年不与外人相见。

象曰：入于幽谷，幽不明也。

《象辞》说："退隐到幽深的山谷里"，就是进入荒僻阴暗不见天日的地方，比喻处境极其困难，看不到一线希望。

初六爻动变得《周易》第五十八卦：兑为泽。

九二爻详解：

九二。困于酒食，朱绂方来，利用享祀。征凶，无咎。

九二：为醇酒美食所困扰而穷于应付，高官厚禄就将来到，应当用丰美的酒食祭祀神灵；出兵征战即使遇到凶险，也不会受到伤害。

象曰：困于酒食，中有庆也。

《象辞》说：酒醉未醒，天予命赐公卿之服，因为九二之爻居下卦中位，这是将有喜庆之事的兆头。

九二爻动变得《周易》第四十五卦：泽地萃。

六三爻详解：

六三。困于石，据于蒺藜。入于其宫，不见其妻，凶。

六三：被石头绊倒，被蒺藜刺伤，历难归家，妻子又不见了，这是凶险之兆。

象曰：据于蒺藜，乘刚也；入于其宫，不见其妻，不祥也。

《象辞》说："站在蒺藜之上"，就是说阴柔凌驾在阳刚之上，情形就像是站在刺人的蒺藜上面，十分困窘。"刚刚回到家中，又不见了自家妻室"，说明祸不单行，已经饱受各种困扰，家门又惨遭不幸，实在是不吉祥的兆头。

六三爻动变得《周易》第二十八卦：泽风大过。

九四爻详解：

九四。来徐徐，困于金车，吝，有终。

九四：慢腾腾姗姗来迟，原来是被一辆坚固的金车所困而不能脱身，会遇到一些困难，但最终会有好的结局。

象曰：来徐徐，志在下也。虽不当位，有与也。

《象辞》说：行走缓慢，不求速进，志向卑微的表现。九四之爻居于九五之下，像人寄居下位，表明没有飞黄腾达的奢望，一心想着屈尊下士来摆脱困境；虽然所处地位不妥当，不能胜任职务，却能得到志同道合者的支持。

九四爻动变得《周易》第二十九卦：坎为水。

九五爻详解：

九五。劓刖，困于赤绂。乃徐有说，利用祭祀。

九五：用割鼻子剁脚的酷刑治理天下，就会被自身所处的尊贵地位所困扰；但慢慢地又会走出困境，应当虔诚地祭祀神灵，才能保证前景顺利。

象曰：劓刖，志未得也。乃徐有说，以中直也。利用祭祀，受福也。

《象辞》说：割了鼻子，断了腿，是说其人不得志，身处险境。后来慢慢地脱离了险境，因为九五之爻居上卦中位，像人立身正直，自能化险为夷。表明处在显赫位置上，如果不恤民命，滥施酷刑，就会落得个众叛亲离的孤家寡人，摆脱困境走向亨通的志向就难以实现。"慢慢地又会走出困境"，完全是由于坚守中庸、保持正直品德的结果。

九五爻动变得《周易》第四十卦：雷水解。

上六爻详解：

上六。困于葛藟，于臲卼，曰动悔，有悔。征吉。

上六：困在纷乱缠绕的葛藤中，处在高危不安定的地方，意识到若行动则有悔恨，有了这种悔悟，假如说动辄会后悔，向前奋进会迎来吉祥。

象曰：困于葛藟，未当也。动悔有悔，吉行也。

《象辞》说："困在纷乱缠绕的葛藤中"，说明所处位置不是十分妥当，脚下尚有难以解脱的绊索，因此困难重重。早些悔悟，前行就会吉祥。

上六爻动变得《周易》第六卦：天水讼。

第四十八卦　井

井：（珠藏深渊之卦，守静安常之象）

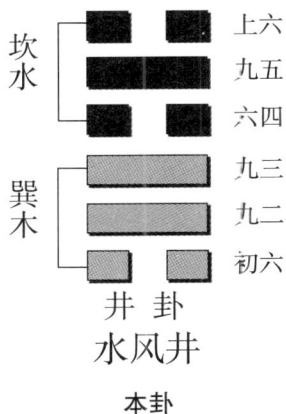

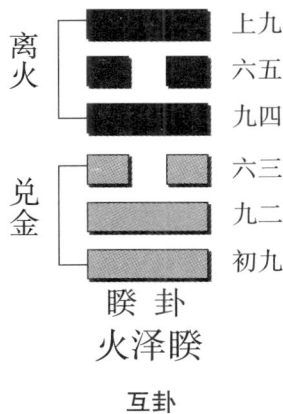

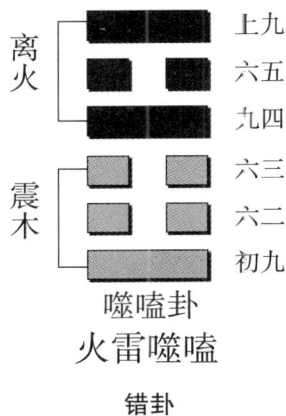

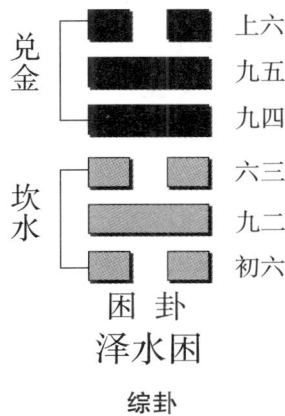

<table>
<tr><td rowspan="3">坎水</td><td>⚋</td><td>上六</td></tr>
<tr><td>⚊</td><td>九五</td></tr>
<tr><td>⚋</td><td>六四</td></tr>
<tr><td rowspan="3">巽木</td><td>⚊</td><td>九三</td></tr>
<tr><td>⚊</td><td>九二</td></tr>
<tr><td>⚋</td><td>初六</td></tr>
</table>

井　卦
水风井
本卦

<table>
<tr><td rowspan="3">离火</td><td>⚊</td><td>上九</td></tr>
<tr><td>⚋</td><td>六五</td></tr>
<tr><td>⚊</td><td>九四</td></tr>
<tr><td rowspan="3">兑金</td><td>⚋</td><td>六三</td></tr>
<tr><td>⚊</td><td>九二</td></tr>
<tr><td>⚊</td><td>初九</td></tr>
</table>

睽　卦
火泽睽
互卦

<table>
<tr><td rowspan="3">离火</td><td>⚊</td><td>上九</td></tr>
<tr><td>⚋</td><td>六五</td></tr>
<tr><td>⚊</td><td>九四</td></tr>
<tr><td rowspan="3">震木</td><td>⚋</td><td>六三</td></tr>
<tr><td>⚋</td><td>六二</td></tr>
<tr><td>⚊</td><td>初九</td></tr>
</table>

噬嗑卦
火雷噬嗑
错卦

<table>
<tr><td rowspan="3">兑金</td><td>⚋</td><td>上六</td></tr>
<tr><td>⚊</td><td>九五</td></tr>
<tr><td>⚊</td><td>九四</td></tr>
<tr><td rowspan="3">坎水</td><td>⚋</td><td>六三</td></tr>
<tr><td>⚊</td><td>九二</td></tr>
<tr><td>⚋</td><td>初六</td></tr>
</table>

困　卦
泽水困
综卦

卦象 井：水风井，求贤若渴；卦象：下巽上坎。巽为木，坎为水。木在水中，树木体内有水分津润，通过根茎向上运行，供养枝叶，正如井底有水被木桶汲上来供人饮用一样。井以水养人，且经久不竭，比喻修德惠人者具有阳刚中正的品德。而井德有赖于"管道"的畅通，这具有多方面的启示，比如人才的使用，信息的来源等，莫不与畅通与否有着极大的关联。

象曰：木上有水，井。君子以劳民劝相。

《象辞》说：用木桶将井水汲出，这就是井卦之象。井是村落定居不可或缺的，井一旦打成便有不可迁移的特点，具有恒久性，井水养人又是没有穷尽的，终日汲取它也不会枯竭，不去汲取它也不会满溢，具备永常不变之德。君子观井卦之象，领悟到应效法水井养民而不穷的美德，修养自身、施德养民。

《周易》卦爻辞原文：

井：改邑不改井，无丧无得，往来井井。汔至亦未繘井，羸其瓶，凶。

初六：井泥不食，旧井无禽。

九二：井谷射鲋，瓮敝漏。

九三：井渫不食，为我心恻，可用汲。王明，并受其福。

六四：井甃，无咎。

九五：井洌寒泉，食。

上六：井收勿幕；有孚元吉。

"井"象征无穷：迁移城邑不会使水井发生改变和迁徙，井水不会枯竭也不会溢满，来来往往的人都到井里来打水。提水提到井口眼看就要上来了，却把水瓶打翻了，这是凶险的兆头。

初六爻详解：

初六。井泥不食，旧井无禽。

初六：井底淤满了污泥不能供人饮用，历尽沧桑，年久失修的老井连鸟雀都不来光顾。

象曰：井泥不食，下也。旧井无禽，时舍也。

《象辞》说："井底淤满了污泥不能供人饮用"，完全是因为位置处在最下面，相当于井底部位，水中泥沙不断沉淀最后都淤积在这里；"历尽沧桑、年久失修的老井连鸟雀都不来光顾"，反映出一种时过境迁，被世间万物所遗忘抛弃的凄凉遭遇。

初六爻动变得《周易》第五卦：水天需。

九二爻详解：

九二。井谷射鲋，瓮敝漏。

九二：井底容水的凹穴被当作捉鱼的场所，汲水的瓮也破损漏水不能再用。

象曰：井谷射鲋，无与也。

《象辞》说："井底容水的凹穴被当作捉鱼的场所"，主要是由于上面没有接应，难以把水送到地面上去供人饮用。于是井的作用得不到发挥，只好退而求其次，盛水的地方成了抓鱼的所在。由于水井陷于瘫痪状态，因而汲水的器具也破损不堪不能使用了。

九二爻动变得《周易》第三十九卦：水山蹇。

九三爻详解：

九三。井渫不食，为我心恻，可用汲。王明，并受其福。

九三：井水淘干净了却不饮用，使我心中不免失望；可以赶快汲来尽情享用，君王贤明是大家共同的福气。

象曰：井渫不食，行恻也。求王明，受福也。

《象辞》说："井水淘干净了却不饮用"，表明尽管血气方刚，一心想有所作为而使世人受益，却苦于一片好心无人领受，满怀热情的善行只落了个令人悲叹的结局；希望"君王贤明"，直接从井水说到人事，盼望圣明的君主出现，思贤若渴，像汲水一样选拔吸收重用人才，就能给国家带来吉祥，君臣万民都可以享受到由此带来的恩惠。

九三爻动变得《周易》第二十九卦：坎为水。

六四爻详解：

六四。井甃，无咎。

六四：用砖石垒筑井壁，进行顺利。

象曰：井甃无咎，修井也。

《象辞》说："用砖石垒砌加固井壁，不会遇到灾祸"，表明六四爻以阴柔之象处在井卦居中部位，正好相当于井壁的关键部位，不可有丝毫闪失。因此应当及时修缮使其坚固，才能免除灾祸。

六四爻动变得《周易》第二十八卦：泽风大过。

九五爻详解：

九五。井冽寒泉，食。

九五：井水清澈明净，就像甘甜凉爽的泉水一样可供天下人饮用。

象曰：寒泉之食，中正也。

《象辞》说："像甘甜凉爽的泉水一样可供天下人饮用"，这是因为九五爻处在最尊贵的地位，位置适中而且十分妥当。象征行为不偏不倚，内心纯正无私。因而能够集中体现水井滋润万物，造福大众的美德。

九五爻动变得《周易》第四十六卦：地风升。

上六爻详解：

上六。井收勿幕，有孚元吉。

上六：水井养人润物的功德业已完成，不要盖上井口；内心怀着一片诚意，定能带来大吉大利。

象曰：元吉在上，大成也。

《象辞》说："大吉大利"的情况出现在井卦最上面的位置，是因为上下照应，同心协力可将水提出井口。而且在这以后并不盖上井口，继续为人们提供水源，功德无量，必然会有大吉利到来，从而标志着滋养世人的宏伟事业获得了巨大的成功。

上六爻动变得《周易》第五十七卦：巽为风。

第四十九卦　革

革:（豹变为虎之卦，改旧从新之象）

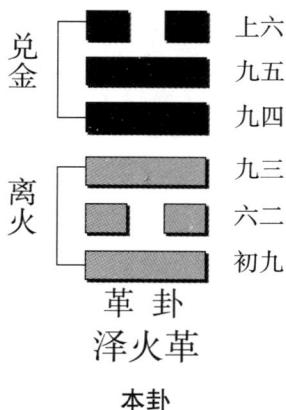

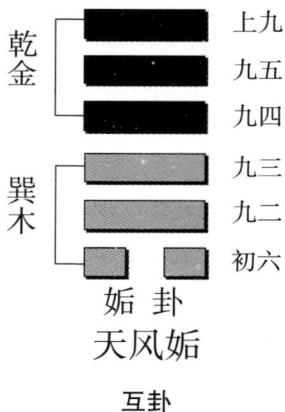

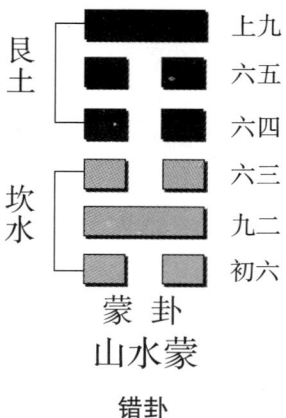

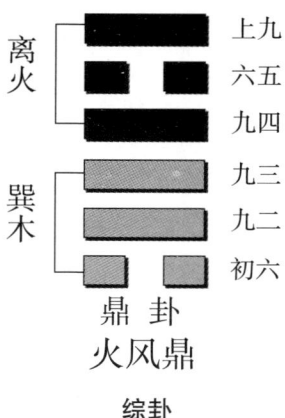

兑
金　　上六　　九五　　九四

离
火　　九三　　六二　　初九

革　卦
泽火革
本卦

乾
金　　上九　　九五　　九四

巽
木　　九三　　九二　　初六

姤　卦
天风姤
互卦

艮
土　　上九　　六五　　六四

坎
水　　六三　　九二　　初六

蒙　卦
山水蒙
错卦

离
火　　上九　　六五　　九四

巽
木　　九三　　九二　　初六

鼎　卦
火风鼎
综卦

卦象　革：泽火革，象征改革、变革，顺天应人；卦象：下离上兑。离为火，兑为泽，泽中有火，火旺水干，水大火熄，不是你征服我，就是我征服你，所以称之为"革命"。水性喜欢向下，火性喜欢向上，志向不一致，形成改革的趋势。

象曰：泽中有火，革。君子以治历明时。

《象辞》说：水泽中有大火，大水可以使火熄灭，大火也可以使水蒸发，水火互不相容。火之性向上，水之性向下，志向不一致，而产生变革。君子观革卦之象，了解到泽水涨落，草木枯荣的周期变化，从而修制历法，明辨时序。更重要的是要改革人为的法则，以适应自然和社会发展的客观规律。

《周易》卦爻辞原文：

革：巳日乃孚，元亨利贞，悔亡。

初九：巩用黄牛之革。

六二：巳日乃革之，征吉，无咎。

九三：征凶，贞厉；革言三就，有孚。

九四：悔亡。有孚，改命，吉。

九五：大人虎变，未占有孚。

上六：君子豹变，小人革面；征凶，居贞吉。

"革"象征变革：在巳日变革旧的事物，能够使民众信服，前途通畅，坚守正道，最后就会取得成功，悔恨终将会消释。

初九爻详解：

初九。巩用黄牛之革。

初九：用黄牛的皮革束紧加固（战车）。

象曰：巩用黄牛，不可以有为也。

《象辞》说：用黄牛的皮革束紧加固，说明其人被紧紧束缚不能有作为。因为初九在卦的最下位，人微言轻而不能有所作为。

初九爻动变得《周易》第三十一卦：泽山咸。

六二爻详解：

六二。巳日乃革之，征吉，无咎。

六二：祭祀的日期要改变，随之要重新卜问征战的日期，结果卜得吉兆，没有灾难。

象曰：巳日革之，行有嘉也。

《象辞》说："在巳日进行变革"，必然会有好的功效。

六二爻动变得《周易》第四十三卦：泽天夬。

九三爻详解：

九三。征凶，贞厉。革言三就，有孚。

九三：急进会发生凶险，要以正防危；对于变革的言论，要多次研究周密考虑，赢得人们的信赖，就可以进行变革了。

象曰：革言三就，又何之矣。

《象辞》说："对于变革的言论，要多次研究周密考虑"，没有其他的路，变革已经势在必行。

九三爻动变得《周易》第十七卦：泽雷随。

九四爻详解：

九四。悔亡。有孚，改命，吉。

九四：悔恨已经消释，仍旧需要人们的信赖以革除旧的事物，这样做是吉祥的。

象曰：改命之吉，信志也。

《象辞》说：改革之所以吉利，是说这个信念已被大家接受。革除旧的事物，使有才德的人施展抱负，是吉祥的，因为这符合变革的志向。

九四爻动变得《周易》第六十三卦：水火既济。

九五爻详解：

九五。大人虎变，未占有孚。

九五：伟大的人物像猛虎一般进行变革，不用卜占，即知将大获全胜。

象曰：大人虎变，其文炳也。

《象辞》说：王公赫然斯怒，威猛如虎，表明变革必然成功，其美德光照天下。

九五爻动变得《周易》第五十五卦：雷火丰。

上六爻详解：

上六。君子豹变，小人革面。征凶，居贞吉。

上六：君子像豹子一样进行变革，连基层官兵也顺应变革改变旧日倾向；急进会有凶险，居而守正可以得到吉祥。

象曰：君子豹变，其文蔚也。小人革面，顺以从君也。

《象辞》说：君子精神振奋，说明其仪态清朗雍容。必然使变革的成就更加光辉灿烂；"连小人也顺应变革改变旧日倾向"，说明大势所趋，小人也不得不顺从君子的变革。

上六爻动变得《周易》第十三卦：天火同人。

第五十卦 鼎

鼎：（去故取新之卦，鼎器烹调之象）

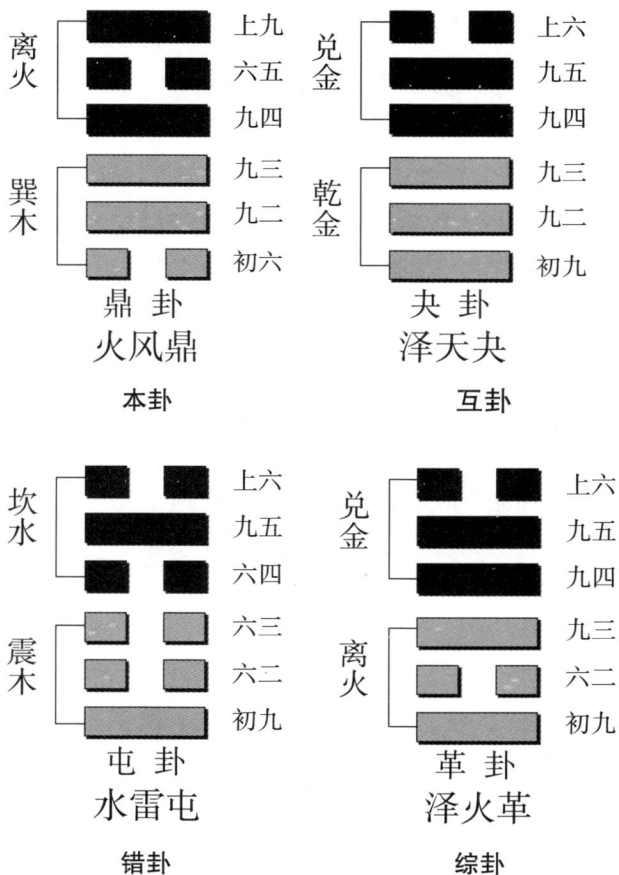

离火 / 巽木

上九	
六五	
九四	
九三	
九二	
初六	

鼎 卦
火风鼎

本卦

兑金 / 乾金

上六	
九五	
九四	
九三	
九二	
初九	

夬 卦
泽天夬

互卦

坎水 / 震木

上六	
九五	
六四	
六三	
六二	
初九	

屯 卦
水雷屯

错卦

兑金 / 离火

上六	
九五	
九四	
九三	
六二	
初九	

革 卦
泽火革

综卦

卦象　鼎：火风鼎，稳重图变，鼎象征权力、威信、法律和食器；卦象：下巽上离。巽为木，为风，离为火。木入于火，有燃烧之义，即燃木煮食，化生为熟，除旧布新的意思。鼎为重宝大器，三足稳重之象，也是国家政权的象征。

象曰：木上有火，鼎。君子以正位凝命。

《象辞》说：木上有火在燃烧，象征鼎器在烹煮，这是鼎卦的卦象。鼎分两类，一类是重器，是国家政权的象征，另一类是用作烹饪的鼎，则有养人的功用。君子观此卦象，取法于鼎足三分，正立不倚，从而端正己位，严守使命，不负职守。

《周易》卦爻辞原文：

鼎：元吉，亨。

初六：鼎颠趾，利出否；得妾以其子，无咎。

九二：鼎有实，我仇有疾，不我能即，吉。

九三：鼎耳革，其行塞，雉膏不食；方雨亏悔，终吉。

九四：鼎折足，覆公𫗧，其形渥，凶。

六五：鼎黄耳金铉，利贞。

上九：鼎玉铉，大吉，无不利。

"鼎"象征革故鼎新：十分吉祥，亨通。

初六爻详解：

初六。鼎颠趾，利出否。得妾以其子，无咎。

初六：烹饪食物的鼎足颠翻，却顺利地倒出了鼎中陈积的污秽之物；就好像娶妾可以生子一样，不会发生灾祸。

象曰：鼎颠趾，未悖也。利出否，以从贵也。

《象辞》说："烹饪食物的鼎足颠翻"，看似反常，实则不然，

"顺利地倒出了鼎中陈积的污秽之物"，便于除旧布新，反常的现象得以向好的方面转化。

初六爻动变得《周易》第十四卦：火天大有。

九二爻详解：

九二。鼎有实，我仇有疾，不我能即，吉。

九二：鼎中盛满了烹饪的食物，好比一个人有才干；我的对立面嫉妒我，却不能把我怎么样，是吉祥的。

象曰：鼎有实，慎所之也。我仇有疾，终无尤也。

《象辞》说："鼎中盛满了烹饪的食物，好比人有才干"，应该谨慎行事，不要走错方向；"我的对立面嫉妒我"，但因无隙可乘，故终将无所怨尤。

九二爻动变得《周易》第五十六卦：火山旅。

九三爻详解：

九三。鼎耳革，其行塞，雉膏不食。方雨亏悔，终吉。

九三：鼎耳脱落了，其行动受阻，无法将插杠插入鼎耳移鼎，精美的野鸡肉不能得到，无法食用；老天要下雨，不知何日能出猎，坐吃山空，食物将匮乏，节约渡难关，终于得吉利。

象曰：鼎耳革，失其义也。

《象辞》说："鼎器的耳部发生了变化"，鼎无法移动，其行动受阻，也就失去了鼎的意义。

九三爻动变得《周易》第六十四卦：火水未济。

九四爻详解：

九四。鼎折足，覆公餗，其形渥，凶。

九四：鼎足太轻，不堪重负，以致折断，倾覆王公的珍馐美味，弄得汁液满地，一片狼藉，这是凶险之兆。

象曰：覆公餗，信如何也。

《象辞》说：倾覆了王公的珍馐美味，这是喻指其人德薄而位尊，力小而任重，以致败坏军国大事，信任他结果如何呢？

九四爻动变得《周易》第十八卦：山风蛊。

六五爻详解：

六五。鼎黄耳金铉，利贞。

六五：豪华之鼎，上面装配有铜耳、铜铉。筮遇此爻吉利。

象曰：鼎黄耳，中以为实也。

《象辞》说："鼎配上黄色的鼎耳"，是由于六五爻居中，自然可获得实惠。这样的鼎，理应盛着佳肴美味。

六五爻动变得《周易》第四十四卦：天风姤。

上九爻详解：

上九。鼎玉铉，大吉，无不利。

上九：金属之鼎配以玉石之铉。占得此爻，大吉，无所不利。

象曰：玉铉在上，刚柔节也。

《象辞》说：鼎配上玉制的鼎杠，十分吉祥，表明刚柔相接，上下安分，没有凌乱侵夺的现象。

上九爻动变得《周易》第三十二卦：雷风恒。

第五十一卦　震

震:（雷惊百里之卦，有声无形之象）

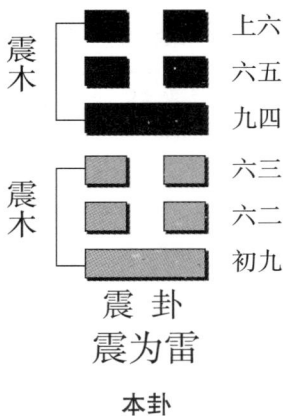

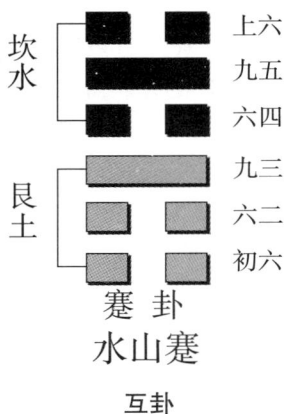

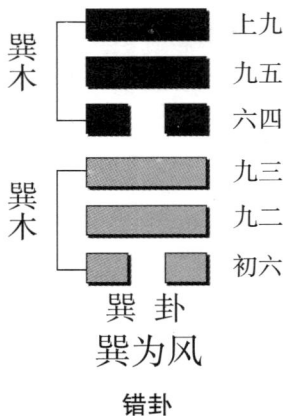

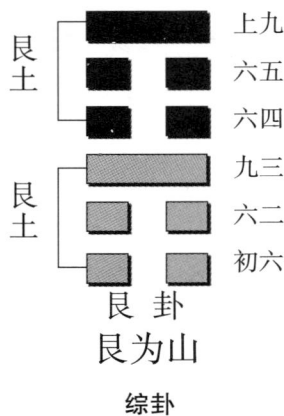

震木　震木

上六
六五
九四
六三
六二
初九

震　卦
震为雷

本卦

坎水　艮土

上六
九五
六四
九三
六二
初六

蹇　卦
水山蹇

互卦

巽木　巽木

上九
九五
六四
九三
九二
初六

巽　卦
巽为风

错卦

艮土　艮土

上九
六五
六四
九三
六二
初六

艮　卦
艮为山

综卦

卦象　震：震为雷，临危不乱；卦象：下震上震。上下均为雷，雷声震惊百里，使万物皆惧而知道戒备。在古人看来，天是世上万物的主宰，而威严猛烈的雷鸣是天意震怒的表现，因此君子观震卦之象，应悟知恐惧惊惕，修身省过。

象曰：洊雷，震。君子以恐惧修省。

《象辞》说：雷声震惊百里，是震卦的卦象。君子观此卦象，从而畏雷之威，省察己过，修省其身。震卦正是取象于雷霆震怒之威盛，指出恐惧与修省之间的内在联系。

《周易》卦爻辞原文：

震：亨。震来虩虩，笑言哑哑；震惊百里，不丧匕鬯。

初九：震来虩虩，后笑言哑哑，吉。

六二：震来厉，亿丧贝，跻于九陵，勿逐，七日得。

六三：震苏苏，震行无眚。

九四：震遂泥。

六五：震往来，厉；亿无丧，有事。

上六：震索索，视矍矍，征凶。震不于其躬，于其邻，无咎，婚媾有言。

"震"象征震动的雷声：可致亨通。当惊雷震动的时候，天下万物都感到恐惧，然而君子却能安之若素，言笑如故；即使雷声震惊百里，主管祭祀的人却能做到从容不迫，手中的匕和酒都未失落，大丈夫威武不能屈，所以能成就大事。

初九爻详解：

初九。震来虩虩，后笑言哑哑，吉。

初九：当惊雷震动的时候，天下万物都感到恐惧，君子亦应知恐惧而修省；当惊雷震动的时候，君子亦应谈笑自如，吉祥。

象曰：震来虩虩，恐致福也。笑言哑哑，后有则也。

《象辞》说："当惊雷震动的时候，天下万物都感到恐惧"，表明恐惧之后从而谨慎从事，能够致福；"而君子却能安之若素，言笑如故"，说明君子懂得做人的法则。

初九爻动变得《周易》第十六卦：雷地豫。

六二爻详解：

六二。震来厉，亿丧贝，跻于九陵，勿逐，七日得。

六二：惊雷震动，有危难；丢失大量金钱，应当攀登到高高的九陵上边去躲避，不去追寻它，待到七天自会失而复得。

象曰：震来厉，乘刚也。

《象辞》说：雷电交加之时危险，六二爻凌驾于初九爻阳刚的上面，故可能出现危险。

六二爻动变得《周易》第五十四卦：雷泽归妹。

六三爻详解：

六三。震苏苏，震行无眚。

六三：雷震动时虽恐惧不安，但是因为恐惧而能谨慎行事，因此不会有灾殃。

象曰：震苏苏，位不当也。

《象辞》说：出门时遇到电闪雷鸣，感到疑惧不安，因为六三阴爻而居阳位，不适当，像人处境不利。

六三爻动变得《周易》第五十五卦：雷火丰。

九四爻详解：

九四。震遂泥。

九四：由于雷震动而坠陷泥污中，不能自拔。

象曰：震遂泥，未光也。

《象辞》说：其人猝闻惊雷，吓得坠入泥中，说明其人见识不广，胆量不大，其志气不能发扬光大。

九四爻动变得《周易》第二十四卦：地雷复。

六五爻详解：

六五。震往来，厉；亿无丧，有事。

六五：巨雷轰鸣，危险在前，以恐惧之心谨守中道就会万无一失，宗庙社稷也可以长盛不衰。

象曰：震往来厉，危行也。其事在中，大无丧也。

《象辞》说：巨雷轰鸣，危险在前，喻指人的行动将有危险。但能知恐惧而谨慎行动，处事恪守中道，就不会有什么大的损失。

六五爻动变得《周易》第十七卦：泽雷随。

上六爻详解：

上六。震索索，视矍矍，征凶。震不于其躬，于其邻，无咎，婚媾有言。

上六：雷电交加，其人行动谨慎，警戒四顾，行路艰难，危险四伏，如果行动就会有凶险；不过，当雷震还没有到达自己身上时，就早做戒备谨慎行事，则不致受害；涉及婚配之事则将会产生言语纷争。

象曰：震索索，未得中也。虽凶无咎，畏邻戒也。

《象辞》说："由于雷震动恐惧而畏缩不前"，因为上六爻其位不正。虽然有凶险却不致受害，这是因为能够看见近邻的危险及时戒备，因而能防患于未然。

上六爻动变得《周易》第二十一卦：火雷噬嗑。

第五十二卦　艮

艮：（思不出位之卦，重山关锁之象）

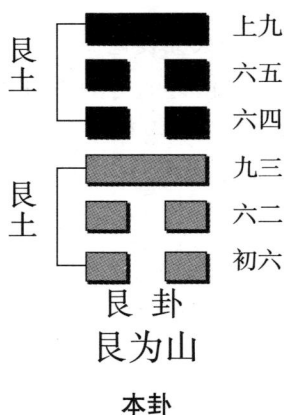

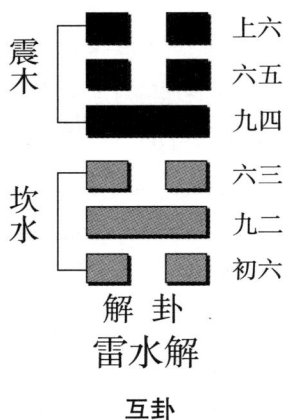

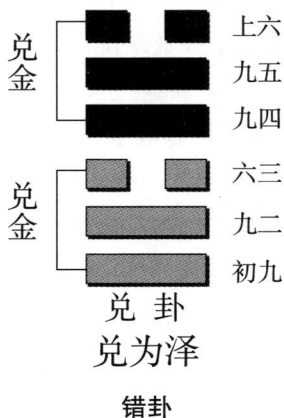

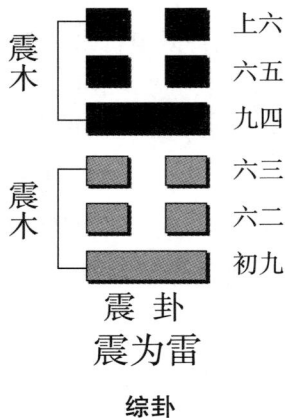

艮土
艮土

	上九
	六五
	六四
	九三
	六二
	初六

艮　卦
艮为山

本卦

震木
坎水

	上六
	六五
	九四
	六三
	九二
	初六

解　卦
雷水解

互卦

兑金
兑金

	上六
	九五
	九四
	六三
	九二
	初九

兑　卦
兑为泽

错卦

震木
震木

	上六
	六五
	九四
	六三
	六二
	初九

震　卦
震为雷

综卦

卦象 艮：艮为山；卦象：下艮上艮。艮象征山，又象征止，二山相重，喻静止。君子因此自我抑止，所思所欲不超越本位。它和震卦相反，高潮过后，必然出现低潮，进入事物的相对静止阶段。

象曰：兼山，艮。君子以思不出其位。

《象辞》说：两座山叠，喻静止。君子因此自我抑止，所思所想应当切合实际，不可超越自己所处的地位。

《周易》卦爻辞原文：

艮：艮其背，不获其身；行其庭，不见其人，无咎。

初六：艮其趾，无咎，利永贞。

六二：艮其腓，不拯其随，其心不快。

九三：艮其限，列其夤，厉薰心。

六四：艮其身，无咎。

六五：艮其辅，言有序，悔亡。

上九：敦艮，吉。

"艮"象征抑止：反观内视自身之背部而不知有其前身，有如在大庭广众中行走而不见其他人。这是形容意诚正心专注，不曾感觉到有人的存在，进入这一境界，就不会受害。

人的身体，最不容易动的地方就是背部，所以用背来代表内心不被外界的欲念所动，永远保持内心清静，则不会有灾难。

初六爻详解：

初六。艮其趾，无咎，利永贞。

初六：歇脚养息，不要轻举妄动，自然无灾难，这是长期吉利的贞兆。

象曰：艮其趾，未失正也。

《象辞》说："抑止应该在脚趾迈出之前"，不轻举妄动，这就说明没有失去正道。

初六爻动变得《周易》第二十二卦：山火贲。

六二爻详解：

六二。艮其腓，不拯其随，其心不快。

六二：抑止小腿的行动，不能拯救还要跟随他，心中是不会快乐的。

象曰：不拯其随，未退听也。

《象辞》说：不能拯救还要跟随他，因为其人固执己见，没有退回来，听取别人的意见。

六二爻动变得《周易》第十八卦：山风蛊。

九三爻详解：

九三。艮其限，列其夤，厉薰心。

九三：抑止腰部的行动，断裂脊背的肉，引退不及时，则罹凶险。这是由于为名利所惑，不能迅速引退卸职所招致的灾祸。

象曰：艮其限，危薰心也。

《象辞》说：引退不及时，则罹凶险，危险是为名利迷惑所致。

九三爻动变得《周易》第二十三卦：山地剥。

六四爻详解：

六四。艮其身，无咎。

六四：引退保身，没有灾祸。

象曰：艮其身，止诸躬也。

《象辞》说："抑止身体不动"，是说止住自己的各种不良行为，所以不会招惹灾祸。

六四爻动变得《周易》第五十六卦：火山旅。

六五爻详解：

六五。艮其辅，言有序，悔亡。

六五：抑止于口不随便乱说，讲话有分寸，自然没有悔恨。

象曰：艮其辅，以中正也。

《象辞》说：闭口少言，讲话有分寸，有条理，没有悔恨，因为六五之爻居上卦中位，像人谨守中正之道。

六五爻动变得《周易》第五十三卦：风山渐。

上九爻详解：

上九。敦艮，吉。

上九：能够以敦厚笃实的德行抑止邪欲，吉祥。

象曰：敦艮之吉，以厚终也。

《象辞》说：爻辞讲以忠厚为归宿之所以吉利，是因为上九之爻为一卦之终爻，像人秉守忠厚，必得善终。

上九爻动变得《周易》第十五卦：地山谦。

第五十三卦　渐

渐:（循序渐进之卦，草木渐茂之象）

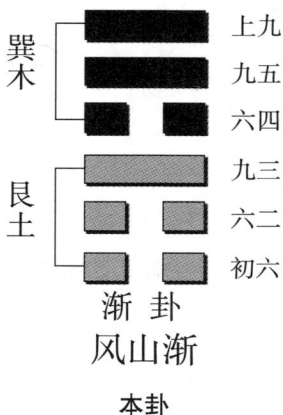

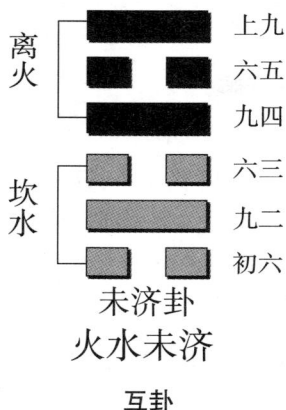

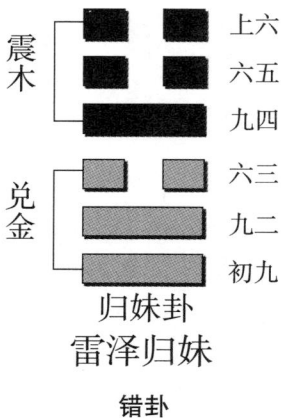

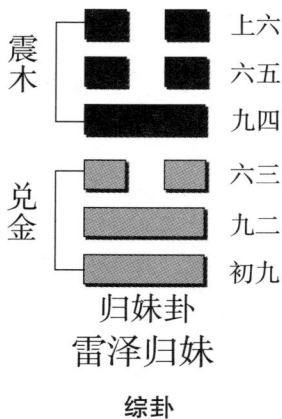

巽木
上九
九五
六四

艮土
九三
六二
初六

渐　卦
风山渐

本卦

离火
上九
六五
九四

坎水
六三
九二
初六

未济卦
火水未济

互卦

震木
上六
六五
九四

兑金
六三
九二
初九

归妹卦
雷泽归妹

错卦

震木
上六
六五
九四

兑金
六三
九二
初九

归妹卦
雷泽归妹

综卦

卦象　渐：风山渐，渐进蓄德；卦象：下艮上巽。艮为山，巽为木。山上有木，逐渐成长，山也随着增高，是个循序渐进的过程，所以称渐，渐渐前进而不急速。

象曰：山上有木，渐。君子以居贤德善俗。

《象辞》说，木植山上，不断生长，象征渐进。君子观此卦象，领悟到树木渐长渐进的过程，联系到自身道德的修养和社会风俗的改善，也应该是个逐渐积累循序渐进的过程，不可能一蹴而就，只有自己先积累小善成就大德，才能以上化下，再逐渐改善社会风俗。

《周易》卦爻辞原文：

渐：女归吉，利贞。

初六：鸿渐于干。小子厉，有言，无咎。

六二：鸿渐于磐。饮食衎衎，吉。

九三：鸿渐于陆。夫征不复，妇孕不育，凶；利御寇。

六四：鸿渐于木。或得其桷，无咎。

九五：鸿渐于陵。妇三岁不孕，终莫之胜，吉。

上九：鸿渐于陆。其羽可用为仪，吉。

"渐"象征循序渐进：如同女子出嫁那样，按照一切婚嫁的礼节循序渐进，就会得到吉祥，有利于坚守正道。

初六爻详解：

初六。鸿渐于干。小子厉，有言，无咎。

初六：鸿雁慢慢飞到水岸，象征着年幼无知的孩子有危难，有责备之言语，不会受害。

象曰：小子之厉，义无咎也。

《象辞》说："年幼无知的孩子有危难"，因为家长呵责制止，理应不会出事故。

初六爻动变得《周易》第三十七卦：风火家人。

六二爻详解：

六二。鸿渐于磐。饮食衎衎，吉。

六二：鸿雁慢慢飞到磐石之上，饱饮饱食，自得喜乐，吉利。

象曰：饮食衎衎，不素饱也。

《象辞》说：饱饮饱食，自得喜乐，喻指其人，自食其力，说明不是尸位素餐不干事情的人。

六二爻动变得《周易》第五十七卦：巽为风。

九三爻详解：

九三。鸿渐于陆。夫征不复，妇孕不育，凶。利御寇。

九三：鸿雁慢慢飞到山顶，丈夫远去出征而不复还，他的妻子怀孕可能流产，这是凶险之兆；但有利于抵御敌寇。

象曰：夫征不复，离群丑也。妇孕不育，失其道也。利用御寇，顺相保也。

《象辞》说：丈夫出征不回来，说明其人掉队遇险。妇女怀孕而流产，说明其人失其保胎之道。利于抵御敌寇，说明国人能够同心同德，保家卫国。

九三爻动变得《周易》第二十卦：风地观。

六四爻详解：

六四。鸿渐于木。或得其桷，无咎。

六四：鸿雁慢慢飞到高树之上，或许能找到较平的枝杈得以栖息，没有灾殃。

象曰：或得其桷，顺以巽也。

《象辞》说："或许能寻找到较平的枝杈得以栖息"，因为六四阴爻居于九五阳爻之下。像人柔顺和服从，有谦逊之德。

六四爻动变得《周易》第三十三卦：天山遁。

九五爻详解：

九五。鸿渐于陵。妇三岁不孕，终莫之胜，吉。

九五：鸿雁慢慢飞到丘陵上，妻子三年没有怀孕，始终没有被人取代，吉利，妻子实现了与其丈夫和谐白头的愿望。

象曰：终莫之胜，吉，得所愿也。

《象辞》说：最终没有人胜过她，吉祥，实现了夫妇聚首的愿望。

九五爻动变得《周易》第五十二卦：艮为山。

上九爻详解：

上九。鸿渐于陆。其羽可用为仪，吉。

上九：鸿雁慢慢飞到陆地上，漂亮的羽毛可以作为典礼上的装饰品，吉祥。

象曰：其羽可用为仪，吉，不可乱也。

《象辞》说：鸿雁的羽毛可用在礼仪中，这是吉利之兆，说明礼仪秩序没有混乱。

上九爻动变得《周易》第三十九卦：水山蹇。

第五十四卦　归妹

归妹:（美好归宿之卦，雷动泽上之象）

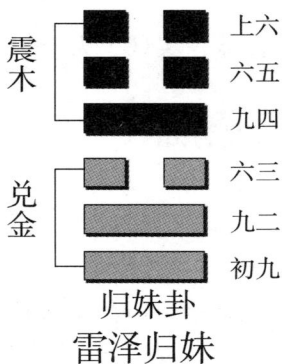

震木
兑金

上六
六五
九四
六三
九二
初九

归妹卦
雷泽归妹

本卦

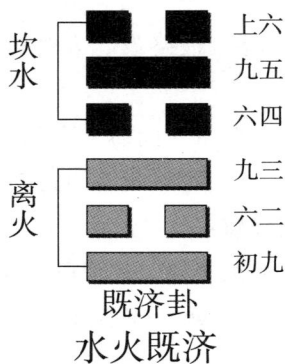

坎水
离火

上六
九五
六四
九三
六二
初九

既济卦
水火既济

互卦

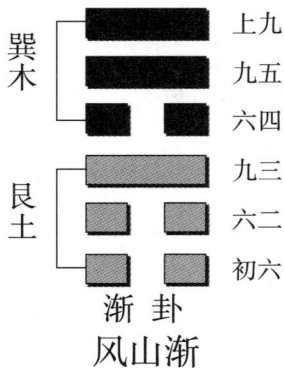

巽木
艮土

上九
九五
六四
九三
六二
初六

渐　卦
风山渐

错卦

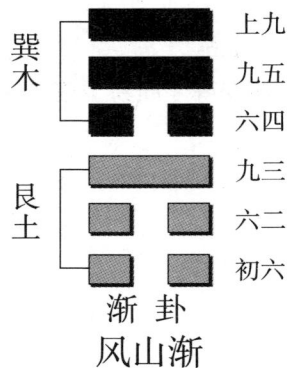

巽木
艮土

上九
九五
六四
九三
六二
初六

渐　卦
风山渐

综卦

卦象 归妹：雷泽归妹，立家兴业，象征婚嫁；卦象：下兑上震。兑为泽，为阴，性悦，为少女；震为雷，为阳，性动，为长男；雷阵于上，泽随而动，以少女从长男，以喻男女心动相爱而成眷属，有婚姻之动，有嫁女之象，故称归妹。

象曰：泽上有雷，归妹。君子以永终知敝。

《象辞》说：泽上雷鸣，雷鸣水动，喻男女心动相爱而成眷属，这是归妹卦的卦象。君子观此卦象，从而在长期的婚姻生活中，体察到婚姻的成功与失败，知其弊端而防范。

《周易》卦爻辞原文：

归妹：征凶，无攸利。

初九：归妹以娣，跛能履，征吉。

九二：眇能视，利幽人之贞。

六三：归妹以须，反归以娣。

九四：归妹愆期，迟归有时。

六五：帝乙归妹，其君之袂不如其娣之袂良；月几望，吉。

上六：女承筐，无实；士刲羊，无血；无攸利。

"归妹"象征婚嫁：征进有凶，没有什么利益。

初九爻详解：

初九。归妹以娣，跛能履，征吉。

初九：嫁出的少女以小妹陪嫁，好像跛脚而奋力向前行走，前进可获得吉祥。

象曰：归妹以娣，以恒也。跛能履吉，相承也。

《象辞》说：嫁出的少女以小妹陪嫁，是为了维持长久。这"好像跛脚而奋力向前行走"，说明偏房的辅佐可以承上启下。

初九爻动变得《周易》第四十卦：雷水解。

九二爻详解：

九二。眇能视，利幽人之贞。

九二：眼睛一瞎一明仍能看到东西，说明幽居之人利于守正。

象曰：利幽人之贞，未变常也。

《象辞》说：适宜像隐士的正固，因为身处幽闭尚不失正道，故能重见光明，说明没有改变恒常之志。

九二爻动变得《周易》第五十一卦：震为雷。

六三爻详解：

六三。归妹以须，反归以娣。

六三：嫁出去的女子以姐姐陪嫁，结果还是妹妹做了偏房。

象曰：归妹以须，未当也。

《象辞》说：嫁出去的女子以姐姐陪嫁，这件事不妥当。

六三爻动变得《周易》第三十四卦：雷天大壮。

九四爻详解：

九四。归妹愆期，迟归有时。

九四：待嫁少女错过出嫁的时机，延迟日期待嫁，静等好的时机。

象曰：愆期之志，有待而行也。

《象辞》说：超龄而不嫁，因为她决意找到合意的郎君。

九四爻动变得《周易》第十九卦：地泽临。

六五爻详解：

六五。帝乙归妹，其君之袂不如其娣之袂良。月几望，吉。

六五：帝乙（商朝帝王）嫁女，正房的服饰反不如偏房的服饰艳丽华美；月近十五将要圆了，吉祥。

象曰：帝乙归妹，不如其娣之袂良也。其位在中，以贵行也。

《象辞》说：帝乙嫁出少女，正房的服饰反不如偏房的服饰艳丽华美；说明虽身居中位，十分尊贵，却能保持勤俭谦虚的美德。六五之爻居上卦中位，像女嫁夫家处于尊贵之位。

六五爻动变得《周易》第五十八卦：兑为泽。

上六爻详解：

上六。女承筐，无实，士刲羊，无血，无攸利。

上六：献祭之时，新娘捧着盛祭品的筐具，但筐中无物；新郎宰羊，没有放出血，没有什么利益。

象曰：上六无实，承虚筐也。

《象辞》说：上六之爻居一卦之尽头，孤悬无所依赖，空虚无实，好比手持空空的篮筐。

上六爻动变得《周易》第三十八卦：火泽睽。

第五十五卦　丰

丰:（丰盛强大之卦，电闪雷鸣之象）

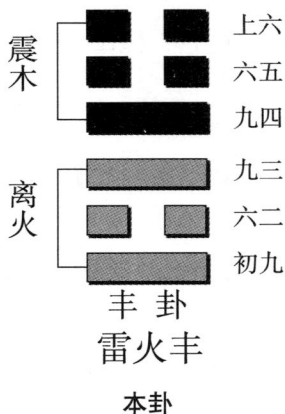

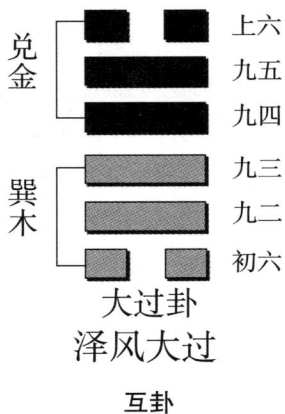

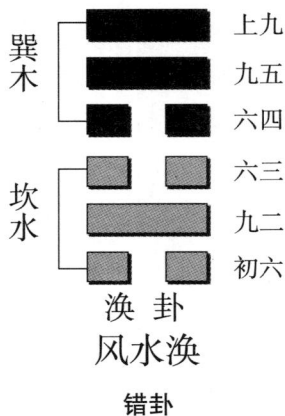

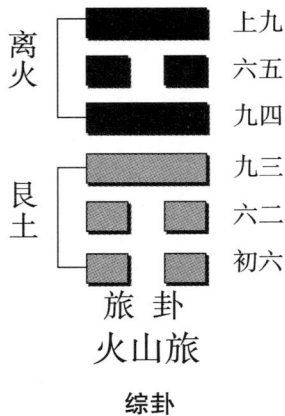

震木　上六　六五　九四

离火　九三　六二　初九

丰　卦
雷火丰

本卦

兑金　上六　九五　九四

巽木　九三　九二　初六

大过卦
泽风大过

互卦

巽木　上九　九五　六四

坎水　六三　九二　初六

涣　卦
风水涣

错卦

离火　上九　六五　九四

艮土　九三　六二　初六

旅　卦
火山旅

综卦

卦象 丰：雷火风，象征丰盛、硕大；卦象：下离上震。离为电，为火，震为雷，雷电相叠，电闪雷鸣，成就巨大，喻达到顶峰，如日中天。告诫：务必注意事物向相反方面发展，日中则昃，月盈则食。物极必反，盛衰无常。

象曰：雷电皆至，丰。君子以折狱致刑。

《象辞》说：丰卦的卦象为雷电同时到来之表象，象征着盛大丰满；君子应该像雷电那样，审案用刑正大光明。

《周易》卦爻辞原文：

丰：亨，王假之，勿忧，宜日中。

初九：遇其配主，虽旬无咎，往有尚。

六二：丰其蔀，日中见斗；往得疑疾，有孚发若，吉。

九三：丰其沛，日中见沬；折其右肱，无咎。

九四：丰其蔀，日中见斗；遇其夷主，吉。

六五：来章，有庆誉，吉。

上六：丰其屋，蔀其家；窥其户，阒其无人，三岁不觌，凶。

"丰"象征盛大丰满：亨通，君王能够使天下达到盛大丰满；就不用忧愁，好比太阳位居中天，光芒万丈。

初九爻详解：

初九。遇其配主，虽旬无咎，往有尚。

初九：遇见配合的伙伴，虽然合作十天无灾，也不致受害（但也须防范）。往前有跨越。

象曰：虽旬无咎，过旬灾也。

《象辞》说：旬内没有灾难，但是超过十天就可能会有灾祸。

初九爻动变得《周易》第六十二卦：雷山小过。

六二爻详解：

六二。丰其蔀，日中见斗。往得疑疾，有孚发若，吉。

六二：光明遭到云的蒙蔽，好比明亮的白天却看到了夜晚的北斗星，前往行事会被猜疑；如果能以至诚之心前往，那么最后是能获得吉祥的。

象曰：有孚发若，信以发志也。

《象辞》说：心存诚信，一言一行都能表现出来，因为这是坦白直率地表达自己。

六二爻动变得《周易》第三十四卦：雷天大壮。

九三爻详解：

九三。丰其沛，日中见沫；折其右肱，无咎。

九三：盛大的雨水降临，中午看见了小星星；右臂被折断而难以有所作为，但终究不会受害。

象曰：丰其沛，不可大事也。折其右肱，终不可用也。

《象辞》说：盛大的雨水降临，不能成就大事；右臂折断，最终得不到重用或不可能有所作用了。

九三爻动变得《周易》第五十一卦：震为雷。

九四爻详解：

九四。丰其蔀，日中见斗。遇其夷主，吉。

九四：光明遭到云的蒙蔽，白天看到了夜晚的北斗星；若遇到明主赏识还是会吉祥的。

象曰：丰其蔀，位不当也。日中见斗，幽不明也。遇其夷主，吉，行也。

《象辞》说："光明遭到云的蒙蔽"，是说九四爻所居的爻位不当；"明亮的白天却看到了夜晚的北斗星"，说明由于蒙蔽而出现昏暗；"但若遇到明主赏识"，行动还是会获得吉祥的。

九四爻动变得《周易》第三十六卦：地火明夷。

六五爻详解：

六五。来章，有庆誉，吉。

六五：有美德的贤能之士来辅佐，会有喜庆和美誉，吉祥。

象曰：六五之吉，有庆也。

《象辞》说：丰卦的第五爻位（六五）的吉祥，必定会有喜庆。

六五爻动变得《周易》第四十九卦：泽火革。

上六爻详解：

上六。丰其屋，蔀其家，窥其户，阒其无人，三岁不觌，凶。

上六：房屋高大，蒙蔽居室，窥视窗户，寂静而无人，三年之久仍不见人，自蔽孤立，定有凶险。

象曰：丰其屋，天际翔也。窥其户，阒其无人，自藏也。

《象辞》说："高大的房屋"，居内自蔽，孤立于人，好似在天际飞翔；"窥视窗户，寂静而无人"，深深隐藏踪迹。

上六爻动变得《周易》第三十卦：离为火。

第五十六卦　旅

旅：（天涯孤旅之卦，大火焚山之象）

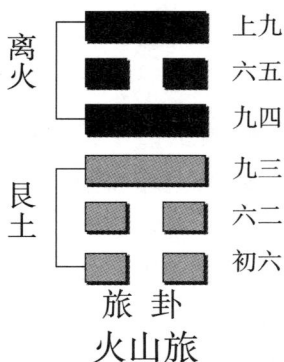

离火

艮土

上九
六五
九四
九三
六二
初六

旅　卦
火山旅

本卦

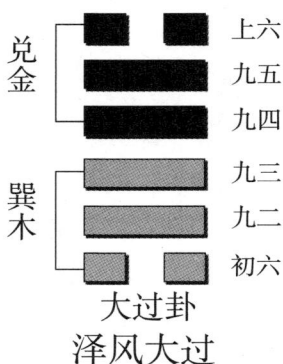

兑金

巽木

上六
九五
九四
九三
九二
初六

大过卦
泽风大过

互卦

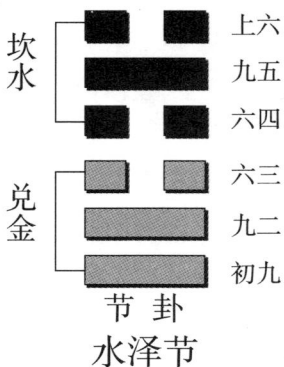

坎水

兑金

上六
九五
六四
六三
九二
初九

节　卦
水泽节

错卦

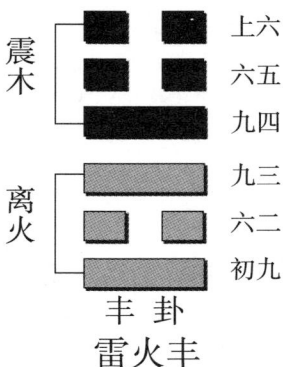

震木

离火

上六
六五
九四
九三
六二
初九

丰　卦
雷火丰

综卦

卦象 旅：火山旅，象征旅行、旅途不安定；卦象：下艮上离。艮为山，离为火，山中燃火，烧而不止，火势不停地向前蔓延，如同途中行人，急于赶路，因而称旅卦。山的特性是被动和阻止，像山一样静止不动，比喻为旅店。火的特性是明亮和依赖，比喻为旅客。旅者，失其本居，而寄他方，人生处于多变状态。

象曰：山上有火，旅。君子以明慎用刑，而不留狱。

《象辞》说：山上燃烧着火，火势蔓延，象征行旅之人匆匆赶路。君子观此卦象，从而明察刑狱，慎重判决，既不敢滥施刑罚，也不敢延宕滞留。

《周易》卦爻辞原文：

旅：小亨，旅贞吉。

初六：旅琐琐，斯其所取灾。

六二：旅即次，怀其资，得童仆，贞。

九三：旅焚其次，丧其童仆，贞厉。

九四：旅于处，得其资斧，我心不快。

六五：射雉，一矢亡，终以誉命。

上九：鸟焚其巢，旅人先笑后号啕。丧牛于易，凶。

"旅"象征旅行：小心谦顺可以亨通，旅行虽是小事，但能坚守正道必然吉祥。

初六爻详解：

初六。旅琐琐，斯其所取灾。

初六：旅途中计较于细小猥鄙之事，这是招来灾祸的原因。

启示：动荡之时应着眼于大处，勿斤斤计较。

象曰：旅琐琐，志穷灾也。

《象辞》说："旅行之始猥琐不堪"，四处碰壁，精神疲惫，是志穷造成的灾祸。

初六爻动变得《周易》第三十卦：离为火。

六二爻详解：

六二。旅即次，怀其资，得童仆，贞。

六二：旅客住在旅舍，携带钱财，有童仆照顾，能坚守正道。

象曰：得童仆贞，终无尤也。

《象辞》说：买一男仆，卜问得吉兆，看来这笔买卖没有问题。

六二爻动变得《周易》第五十卦：火风鼎。

九三爻详解：

九三。旅焚其次，丧其童仆，贞厉。

九三：旅途中客栈失火，从而丧失了照顾自己的童仆，失去正道，会出现危险。

象曰：旅焚其次，亦以伤矣。以旅与下，其义丧也。

《象辞》说："旅途中客栈失火"，已经受到损伤；把童仆视为路人，童仆舍其而去，是必然的，合乎道理的。

九三爻动变得《周易》第三十五卦：火地晋。

九四爻详解：

九四。旅于处，得其资斧，我心不快。

九四：身处异乡暂为栖身，不能安居，虽然得到路费，但我的心情仍然不愉快。

象曰：旅于处，未得位也。得其资斧，心未快也。

《象辞》说："身处异乡暂为栖身，不能安居"，因为毕竟未得到长久安身的地方；"虽然得到路费"，但仍然客居他乡，故此时心中仍不畅快。

九四爻动变得《周易》第五十二卦：艮为山。

六五爻详解：

六五。射雉，一矢亡，终以誉命。

六五：射野鸡，一发命中，获得荣誉和爵命。

象曰：终以誉命，上逮也。

《象辞》说：终于博得善射的美名，众口传誉，上面的人也知道了，是由于能亲近居高位的尊者。

六五爻动变得《周易》第三十三卦：天山遁。

上九爻详解：

上九。鸟焚其巢，旅人先笑后号啕。丧牛于易，凶。

上九：鸟巢失火被烧掉，行旅之人得高位先喜悦欢笑，后因遭祸事而号啕痛哭；牧人在牧场丢失了牛，有凶险。

象曰：以旅在上，其义焚也。丧牛于易，终莫之闻也。

《象辞》说：以商旅身份而身登高爵，非分至极，其居室被焚毁。牧人在牧场丢失了牛，最后没有听到任何消息。

上九爻动变得《周易》第六十二卦：雷山小过。

第五十七卦　巽

巽:（无孔不入之卦，风行草偃之象）

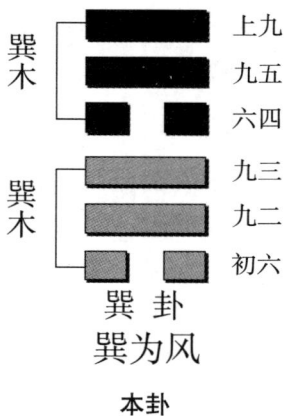

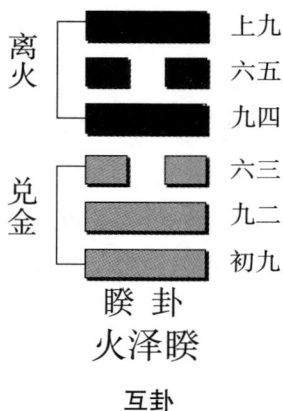

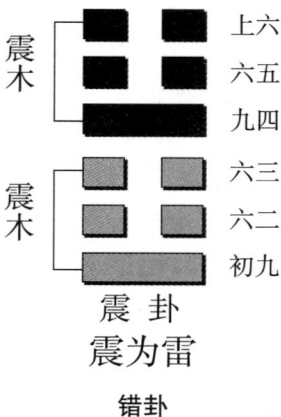

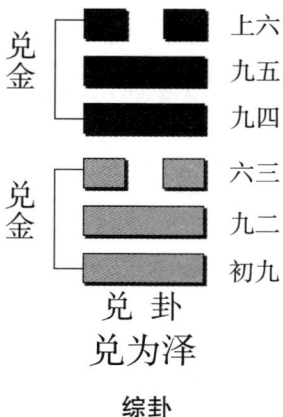

<table>
<tr><td>巽
木</td><td></td><td>上九</td></tr>
<tr><td></td><td></td><td>九五</td></tr>
<tr><td></td><td></td><td>六四</td></tr>
<tr><td>巽
木</td><td></td><td>九三</td></tr>
<tr><td></td><td></td><td>九二</td></tr>
<tr><td></td><td></td><td>初六</td></tr>
</table>

巽 卦
巽为风

本卦

<table>
<tr><td>离
火</td><td></td><td>上九</td></tr>
<tr><td></td><td></td><td>六五</td></tr>
<tr><td></td><td></td><td>九四</td></tr>
<tr><td>兑
金</td><td></td><td>六三</td></tr>
<tr><td></td><td></td><td>九二</td></tr>
<tr><td></td><td></td><td>初九</td></tr>
</table>

睽 卦
火泽睽

互卦

<table>
<tr><td>震
木</td><td></td><td>上六</td></tr>
<tr><td></td><td></td><td>六五</td></tr>
<tr><td></td><td></td><td>九四</td></tr>
<tr><td>震
木</td><td></td><td>六三</td></tr>
<tr><td></td><td></td><td>六二</td></tr>
<tr><td></td><td></td><td>初九</td></tr>
</table>

震 卦
震为雷

错卦

<table>
<tr><td>兑
金</td><td></td><td>上六</td></tr>
<tr><td></td><td></td><td>九五</td></tr>
<tr><td></td><td></td><td>九四</td></tr>
<tr><td>兑
金</td><td></td><td>六三</td></tr>
<tr><td></td><td></td><td>九二</td></tr>
<tr><td></td><td></td><td>初九</td></tr>
</table>

兑 卦
兑为泽

综卦

卦象 巽：巽为风，象征随顺、进入、无所不入、无所不顺；卦象：下巽上巽。巽为风，两巽相重，长风不绝，无孔不入，所以巽代表无处不在。巽卦有谦逊、谦卑的意思，具有贤良美德的君子应当取法于长吹不断的风，从而把广泛宣传政令作为施政的出发点。

　　象曰：随风，巽。君子以申命行事。

　　《象辞》说：长风相随，吹拂不断是巽卦的卦象。君子观象取法，担负起改善民风、改善社会风气的责任。

　　《周易》卦爻辞原文：

　　巽：小亨，利有攸往，利见大人。

　　初六：进退，利武人之贞。

　　九二：巽在床下，用史巫纷若，吉，无咎。

　　九三：频巽，吝。

　　六四：悔亡，田获三品。

　　九五：贞吉，悔亡，无不利；无初有终。先庚三日，后庚三日，吉。

　　上九：巽在床下，丧其资斧，贞凶。

　　"巽"象征顺从：谦虚柔顺，小心从事可以达到亨通，这样才能利于所要做的事情，利于出现有道德并居于高位的人物。

　　初六爻详解：

　　初六。进退，利武人之贞。

　　初六：是前进还是后退不能决定，适宜像勇武之人具有坚强的意志。

　　象曰：进退，志疑也。利武人之贞，志治也。

《象辞》说：进退犹豫不决，懦弱犹豫。适宜像勇士一样勇敢无畏，冶炼意志。

初六爻动变得《周易》第九卦：风天小畜。

九二爻详解：

九二。巽在床下，用史巫纷若，吉，无咎。

九二：过度谦卑而屈居于床下，如果能像祝史、巫觋那样用崇敬谦恭的态度，事情将十分吉祥，一定不会有什么祸患。

象曰：纷若之吉，得中也。

《象辞》说："用崇敬谦恭的态度去行事将十分吉祥"，这是因为九二爻居下卦中位，爻象既得，灾难自退。

九二爻动变得《周易》第五十三卦：风山渐。

九三爻详解：

九三。频巽，吝。

九三：朝令夕改，使人无所适从，会有祸患。

象曰：频巽之吝，志穷也。

《象辞》说："朝令夕改，使人无所适从，会有祸患"，是因为当政者缺乏远大的志向。

九三爻动变得《周易》第五十九卦：风水涣。

六四爻详解：

六四。悔亡，田获三品。

六四：没有悔恨，狩猎获得三种猎物。

象曰：田获三品，有功也。

《象辞》说："田猎时得到三种收获"，是因为能恪守"顺从"之道，所以才有所建树。

六四爻动变得《周易》第四十四卦：天风姤。

九五爻详解：

九五。贞吉，悔亡，无不利。无初有终。先庚三日，后庚三日，吉。

九五：坚守中道，可以得到吉祥，悔恨会消失，做任何事情没有不顺利的；开始时也许不会太顺利，但最后一定会通达。时日定在丁日或癸日，其事一定成功。

象曰：九五之吉，位中正也。

《象辞》说：九五阳爻居上卦中位，像人事合于正道，居中端正，守持中道，慎始慎终，自然吉利。

九五爻动变得《周易》第十八卦：山风蛊。

上九爻详解：

上九。巽在床下，丧其资斧，贞凶。

上九：谦卑恭顺到了极点而屈于床下，丧失了赖以谋生的资本，丧失了刚硬的本性，结果是凶险的。

象曰：巽在床下，上穷也；丧其资斧，正乎凶也。

《象辞》说："谦卑恭顺到了极点而屈居于床下"，处于穷极末路，无法前进；"丧失了谋生的资本"，失去了生活的能力，结果必然是凶险的。正是上九阳爻穷途末路之象。

上九爻动变得《周易》第四十八卦：水风井。

第五十八卦　兑

兑：（江河养物之卦，天降雨泽之象）

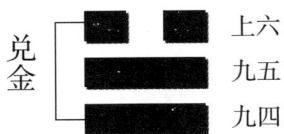

兑金

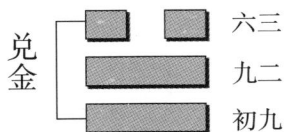

兑金

上六　九五　九四
六三　九二　初九

兑　卦
兑为泽
本卦

巽木

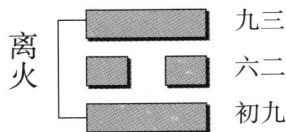

离火

上九　九五　六四
九三　六二　初九

家人卦
风火家人
互卦

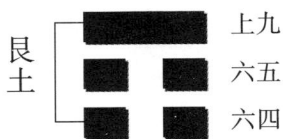

艮土

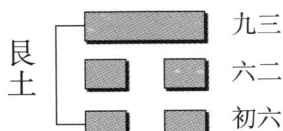

艮土

上九　六五　六四
九三　六二　初六

艮　卦
艮为山
错卦

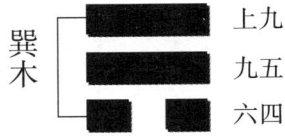

巽木

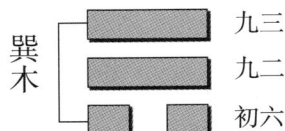

巽木

上九　九五　六四
九三　九二　初六

巽　卦
巽为风
综卦

卦象 兑：兑为泽，刚内柔外，象征喜悦、欢喜；卦象：下兑上兑。兑为泽，泽为水。两个泽水并连，相互流通滋润，彼此受益，因而又象征喜悦。

象曰：丽泽，兑。君子以朋友讲习。

《象辞》说：两泽相连，两水交流，比喻上下相合，朋友相善，这是一个令人欢欣的场面。君子观此象，联系到治学方面，乐于与朋友讲习，与志同道合的朋友一起，彼此切磋，互相受益，这样比独学无友孤陋寡闻好得多。

《论语·学而》中说："学而时习之，不亦说乎！有朋自远方来，不亦乐乎！"以学之不讲为忧，以学而时习为悦，以有朋远来为乐，其义与兑卦是一样的。

《周易》卦爻辞原文：

兑：亨，利贞。

初九：和兑，吉。

九二：孚兑，吉；悔亡。

六三：来兑，凶。

九四：商兑，未宁；介疾有喜。

九五：孚于剥，有厉。

上六：引兑。

"兑"象征喜悦：亨通畅达，利于坚守中正之道。

初九爻详解：

初九。和兑，吉。

初九：能以平和喜悦的态度待人，获得吉祥。

象曰：和兑之吉，行未疑也。

《象辞》说：和睦欢喜之所以吉利，是因为人际邦交无所猜疑。

初九爻动变得《周易》第四十七卦：泽水困。

九二爻详解：

九二。孚兑，吉，悔亡。

九二：心中诚信与人和悦，故而得到吉祥；悔恨可以消失。

象曰：孚兑之吉，信志也。

《象辞》说：以诚信待人，人亦热忱待之，之所以吉利，因为互相之间有了信任。

九二爻动变得《周易》第十七卦：泽雷随。

六三爻详解：

六三。来兑，凶。

六三：以使人归服为乐，蕴藏着凶险。

象曰：来兑之凶，位不当也。

《象辞》说：以使人归服为乐，蕴藏着凶险，因为力小而任大，德薄而欲多，所行必不当。

六三爻动变得《周易》第四十三卦：泽天夬。

九四爻详解：

九四。商兑，未宁，介疾有喜。

九四：商谈恢复邦交之事，尚未达成协议，但两国的矛盾分歧有了愈合的趋势。

象曰：九四之喜，有庆也。

《象辞》说：九四爻辞所讲的喜，即是指将有喜庆之事。

九四爻动变得《周易》第六十卦：水泽节。

九五爻详解：

九五。孚于剥，有厉。

九五：信任小人的巧言令色，必有危险。

象曰：孚于剥，位正当也。

《象辞》说：当被侵剥之时，仍以诚信待人，正如九五阳爻之象，其人秉行中正之道，必能逢凶化吉。

九五爻动变得《周易》第五十四卦：雷泽归妹。

上六爻详解：

上六。引兑。

上六：引导大家和睦相处。

象曰：上六引兑，未光也。

《象辞》说：上六爻辞讲引导大家和睦相处，用意虽佳，但上六阴爻处一卦之尽头，像其人未必能一呼百应。

上六爻动变得《周易》第十卦：天泽履。

第五十九卦　涣

涣：（冰雪消融之卦，风生水起之象）

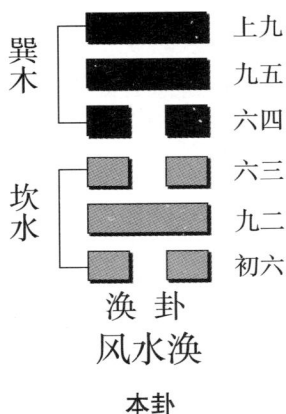

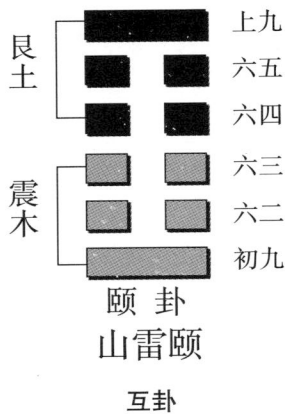

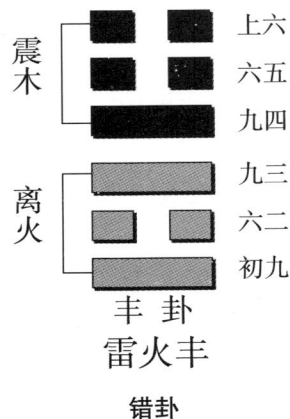

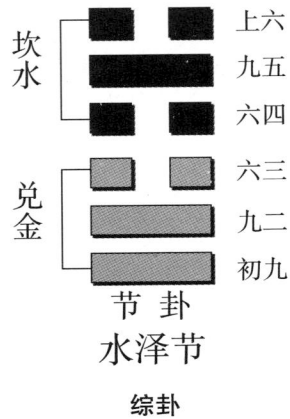

巽木　上九
　　　九五
　　　六四

坎水　六三
　　　九二
　　　初六

涣 卦
风水涣
本卦

艮土　上九
　　　六五
　　　六四

震木　六三
　　　六二
　　　初九

颐 卦
山雷颐
互卦

震木　上六
　　　六五
　　　九四

离火　九三
　　　六二
　　　初九

丰 卦
雷火丰
错卦

坎水　上六
　　　九五
　　　六四

兑金　六三
　　　九二
　　　初九

节 卦
水泽节
综卦

卦象 涣：风水涣，象征涣散、离散的意思；卦象：下坎上巽。巽为风，坎为水。风在水上行，推波助澜，四方流溢，有离散的意思，象征组织和人心涣散，必用积极的手段和方法挽救涣散，转危为安。但在水流的冲刷下，人们失去的是污垢，换来的是清新，涣卦也有"洗礼"的含义。

象曰：风行水上，涣。先王以享于帝，立庙。

《象辞》说：风在水上吹过，水遇风则涣散，是涣卦的卦象。先王观此卦象，悟知散而后求聚的道理，因此祭祀天帝，建立宗庙以收合人心，使人心归一。

涣卦讲的是在天下涣散的时代如何治理的问题。宗庙是奉祀祖先的地方，祭祀祖先能唤起人们的宗族意识乃至国家意识，进而增强人们的心理凝聚力。

《周易》卦爻辞原文：

涣：亨。王假有庙。利涉大川，利贞。

初六：用拯马壮，吉。

九二：涣奔其机，悔亡。

六三：涣其躬，无悔。

六四：涣其群，元吉。涣有丘，匪夷所思。

九五：涣汗其大号。涣王居，无咎。

上九：涣其血，去逖出，无咎。

"涣"象征涣散：顺畅亨通，贤明的君主去祠庙祭祀神灵以祈求保佑，利于渡过大川河流，利于坚守中正之道。

初六爻详解：

初六：用拯马壮，吉。

初六：借助健壮的马来弥补力量的不足，可以获得吉祥。

象曰：初六之吉，顺也。

《象辞》说：初六阴爻居九二阳爻之下，之所以是吉祥的，这是因为阴柔顺从阳刚。

初六爻动变得《周易》第六十一卦：风泽中孚。

九二爻详解：

九二。涣奔其机，悔亡。

九二：洪水奔涌，冲毁房基。处在涣散之时，要迅速脱离险境，转移到安全的地方，悔恨便会消失。

象曰：涣奔其机，得愿也。

《象辞》说：荡涤冲刷其污垢，正是心中所愿。

九二爻动变得《周易》第二十卦：风地观。

六三爻详解：

六三。涣其躬，无悔。

六三：洪水冲到身上，幸免于难，尚可庆幸。

象曰：涣其躬，志在外也。

《象辞》说：涣散自身险难，说明其人志向还是向外发展。

六三爻动变得《周易》第五十七卦：巽为风。

六四爻详解：

六四。涣其群，元吉。涣有丘，匪夷所思。

六四：涣散其群党，吉祥。涣散之后聚为山丘，化解小群而聚成山丘般大的群体，不是平常人所能想到的。

象曰：涣其群，元吉，光大也。

《象辞》说：尽散朋党，吉祥；表明无自私自利之心，品行光明正大。

六四爻动变得《周易》第六卦：天水讼。

九五爻详解：

九五。涣汗其大号，涣王居，无咎。

九五：洪水横溢，淹没国都，淹及王宫，幸好人员早已撤走，没有大的灾难。

象曰：王居无咎，正位也。

《象辞》说："疏散君王的积蓄以聚拢民心，这样做一定不会有什么祸患"，因为九五阳爻居上卦中位，位尊且正，自然无灾难。

九五爻动变得《周易》第四卦：山水蒙。

上九爻详解：

上九。涣其血，去逖出，无咎。

上九：洪水退去，忧患消除，但仍须警惕，加强防范，这样就没有灾难。

象曰：涣其血，远害也。

《象辞》说：有血光之灾，远远地走开，这就是避祸之道。

上九爻动变得《周易》第二十九卦：坎为水。

第六十卦　节

节：（四时有节之卦，蓄水成塘之象）

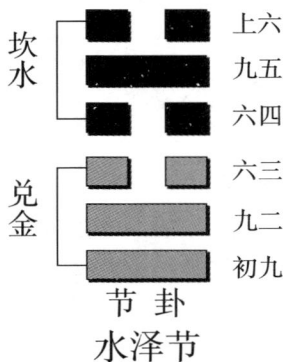

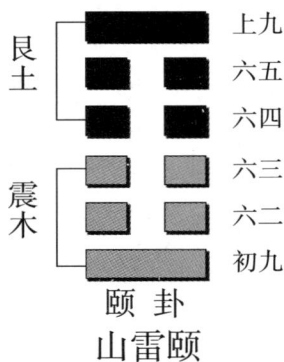

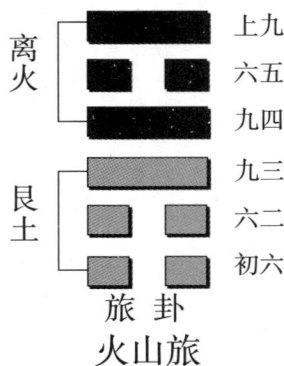

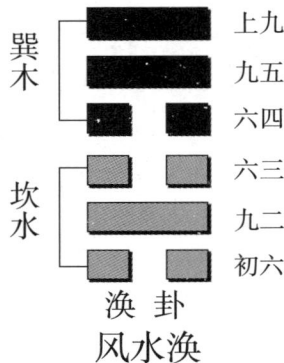

坎
水

上六
九五
六四

兑
金

六三
九二
初九

节　卦
水泽节

艮
土

上九
六五
六四

震
木

六三
六二
初九

颐　卦
山雷颐

离
火

上九
六五
九四

艮
土

九三
六二
初六

旅　卦
火山旅

巽
木

上九
九五
六四

坎
水

六三
九二
初六

涣　卦
风水涣

卦象 节：水泽节，万物有节；卦象：下兑上坎。坎为水，兑为泽，泽上有水，水由高至低流动，经过一个浅坑，便会在这里积聚，所以积水成泽便是节卦的卦象。天地有节度才能常新，国家有节度才能安稳，个人有节度才能完美。

象曰：泽上有水，节。君子以制数度，议德行。

《象辞》说：泽中水满，因而须高筑堤防，加以节制，故卦名为节。君子观节卦之象，由自然界需要节制的现象引申到社会、国家和个人，都要建立政纲制度，确立伦理原则加以节制。制数度：按照阶层等级制定宫室、冠服、车旗、器皿的大小多少。议德行：考查评定人的思想行为是否合礼，然后再决定是否任用。

《周易》卦爻辞原文：

节：亨。苦节，不可贞。

初九：不出户庭，无咎。

九二：不出门庭，凶。

六三：不节若，则嗟若，无咎。

六四：安节，亨。

九五：甘节，吉，往有尚。

上六：苦节，贞凶，悔亡。

"节"象征节制：节制可致亨通，但过分的节制也是不可以的，应当持正、适中。

初九爻详解：

初九。不出户庭，无咎。

初九：筮遇此爻，杜门不出，没有灾祸。

象曰：不出户庭，知通塞也。

《象辞》说："不迈出庭院"，说明知晓通则当行，阻则当止的道理。

初九爻动变得《周易》第二十九卦：坎为水。

九二爻详解：

九二。不出门庭，凶。

九二：筮遇此爻，杜门不出，也有凶险。

象曰：不出门庭，失时极也。

《象辞》说："因过分节制而不跨出门庭"，也有凶险，因为坐失良机，错误已极。

九二爻动变得《周易》第三卦：水雷屯。

六三爻详解：

六三。不节若，则嗟若，无咎。

六三：不节俭则困穷，处困穷则知悔过，知悔过则可以无灾难。

象曰：不节之嗟，又谁咎也。

《象辞》说：奢侈带来了悔恨，这是谁之过？

六三爻动变得《周易》第五卦：水天需。

六四爻详解：

六四。安节，亨。

六四：安于节俭遵礼的生活，故而亨通。

象曰：安节之亨，承上道也。

《象辞》说：安于节俭遵礼的生活之所以吉利，说明谨守柔顺尊上之道。

六四爻动变得《周易》第五十八卦：兑为泽。

九五爻详解：

九五。甘节，吉，往有尚。

九五：以节俭遵礼为乐，吉利。秉此而行，所往必得别人资助。

象曰：甘节之吉，居位中也。

《象辞》说："能适度节制从而让人感到美而适中，是吉祥的"，因为九五之爻，所居恰当，像人居德行义。

九五爻动变得《周易》第十九卦：地泽临。

上六爻详解：

上六。苦节，贞凶。悔亡。

上六：以节俭遵礼为苦，卜问得凶兆，其人将为家道败落而悔恨。

象曰：苦节贞凶，其道穷也。

《象辞》说：以节俭遵礼为苦，卜问得凶兆，正如上六阴爻孤悬一卦之尽头，像人走入穷困不通的境地。

上六爻动变得《周易》第六十一卦：风泽中孚。

第六十一卦 中孚

中孚:（至诚至信之卦，鹤鸣子和之象）

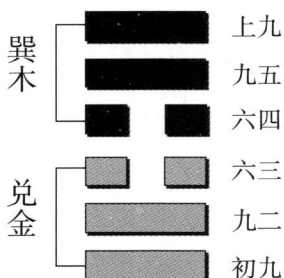

巽木
兑金

上九
九五
六四
六三
九二
初九

中孚卦
风泽中孚

本卦

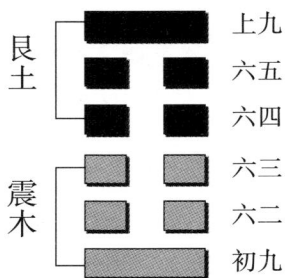

艮土
震木

上九
六五
六四
六三
六二
初九

颐 卦
山雷颐

互卦

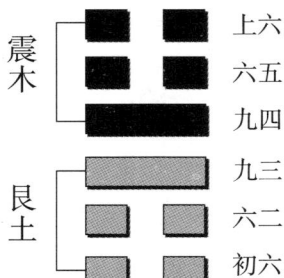

震木
艮土

上六
六五
九四
九三
六二
初六

小过卦
雷山小过

错卦

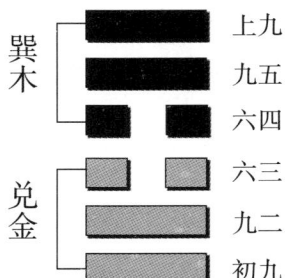

巽木
兑金

上九
九五
六四
六三
九二
初九

中孚卦
风泽中孚

综卦

卦象 中孚：风泽中孚，诚信立身；卦象：下兑上巽。兑为泽，巽为风。泽上有风，风吹动着泽水之表象，比喻没有诚信之德施不到的地方，说明极为诚信；孚本义孵，孵卵出壳的日期非常准确，有诚信的意义。卦形外实内虚，喻心中诚信，所以称中孚卦，这是立身处世的根本。

象曰：泽上有风，中孚。君子以议狱缓死。

《象辞》说：大泽上吹着和风，无不周遍，犹如广施信德，有至诚无所不入之象，故卦名中孚，中孚是诚信的意思。君子观此卦象，悟知要像风行水上一样以诚信感化万物，在处理刑事案件时，也能做到"议狱缓死"。判决之前进行充分的讨论，延缓死刑，这样做的目的是为了以诚信感化罪犯而使他们改恶从善。经过议狱而判刑或经过缓刑而处死，在君子已尽忠尽诚，在犯人也可无所遗憾。

《周易》卦爻辞原文：

中孚：豚鱼，吉。利涉大川，利贞。

初九：虞吉，有它不燕。

九二：鸣鹤在阴，其子和之；我有好爵，吾与尔靡之。

六三：得敌，或鼓或罢，或泣或歌。

六四：月几望，马匹亡，无咎。

九五：有孚挛如，无咎。

上九：翰音登于天，贞凶。

"中孚"象征诚信：诚信施及愚钝无知的小猪小鱼，从而感化了它们，因此获得吉祥，利于涉越大河大川，利于坚守中正之道。

初九爻详解：

初九。虞吉，有它不燕。

初九：能安守诚信，可以获得吉祥，如果另有他求的话就会得不到安宁。

象曰：初九虞吉，志未变也。

《象辞》说：初九爻辞讲"能安守诚信，可以获得吉祥"，是因为他的志向没有改变。

初九爻动变得《周易》第五十九卦：风水涣。

九二爻详解：

九二。鸣鹤在阴，其子和之。我有好爵，吾与尔靡之。

九二：老鹤在树荫下鸣叫，小鹤在旁边附和。我有美酒，我愿与你一同畅饮。

象曰：其子和之，中心愿也。

《象辞》说：小鹤和应老鹤，这是心灵相通的表现。

九二爻动变得《周易》第四十二卦：风雷益。

六三爻详解：

六三。得敌，或鼓或罢，或泣或歌。

六三：击败了敌人，有的击鼓追击，有的凯旋报捷；消息传来，有的高兴得热泪盈眶，有的放声高歌。

象曰：或鼓或罢，位不当也。

《象辞》说：有的人击鼓追击，有的凯旋报捷，但从爻象看来，六三阴爻而处于阳位，胜利之中，恐怕隐伏着不测之祸。

六三爻动变得《周易》第九卦：风天小畜。

六四爻详解：

六四。月几望，马匹亡，无咎。

六四：月亮将圆而未盈，马匹丢失了，但无大的灾祸。

象曰：马匹亡，绝类上也。

《象辞》说：好马失掉了匹配，是指六四爻诚信专一，断绝与同类之间的交往，而专心侍奉君主。

六四爻动变得《周易》第十卦：天泽履。

九五爻详解：

九五。有孚挛如，无咎。

九五：具有诚信之德并情系他人，他人也以诚信相和应，所以没有祸患。

象曰：有孚挛如，位正当也。

《象辞》说："具有诚信之德并情系他人"，是指居位中正适当，说明诚信这种教化作用可以施及整个邦国。

九五爻动变得《周易》第四十一卦：山泽损。

上九爻详解：

上九。翰音登于天，贞凶。

上九：鸟高飞着，鸣叫声响彻天空，有可能出现凶险。

象曰：翰音登于天，何可长也。

《象辞》说"鸟高飞着，鸣叫声响彻天空"，这种声音虚而不实，声高于情，怎么可能长久保持呢？

上九爻动变得《周易》第六十卦：水泽节。

第六十二卦 小过

小过:（飞鸟遗音之卦，上逆下顺之象）

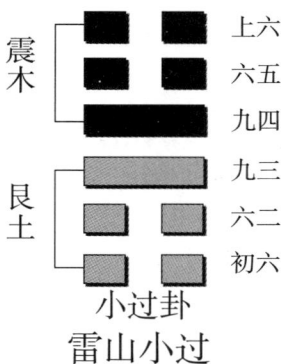

震木

艮土

上六
六五
九四
九三
六二
初六

小过卦
雷山小过

本卦

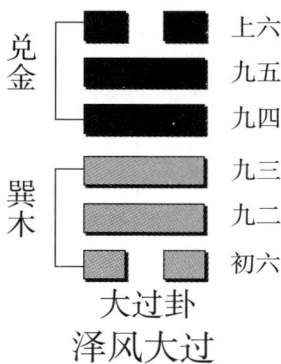

兑金

巽木

上六
九五
九四
九三
九二
初六

大过卦
泽风大过

互卦

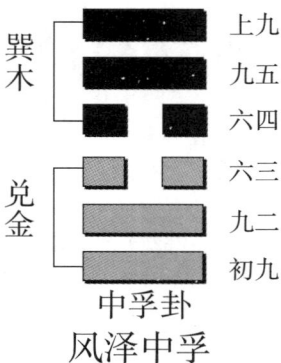

巽木

兑金

上九
九五
六四
六三
九二
初九

中孚卦
风泽中孚

错卦

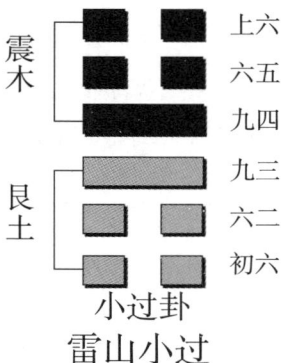

震木

艮土

上六
六五
九四
九三
六二
初六

小过卦
雷山小过

综卦

卦象 小过：雷山小过，行动有度；卦象：下艮上震。艮为山，震为雷，山的特性是被动和阻止，雷的特性是运动而乏力。山上响雷，雷声超过了寻常的雷鸣，以此比喻"小有过越"。

象曰：山上有雷，小过。君子以行过乎恭，丧过乎哀，用过乎俭。

《象辞》说：山上响起雷声，雷声表示警钟长鸣，君子应效法"小过"之象，因而行事不敢过于恭谦，居丧不敢过度哀伤，用度不敢过于节俭，唯适中而已。

《周易》卦爻辞原文：

小过：亨，利贞。可小事，不可大事。飞鸟遗之音，不宜上，宜下，大吉。

初六：飞鸟以凶。

六二：过其祖，遇其妣；不及其君，遇其臣；无咎。

九三：弗过防之，从或戕之，凶。

九四：无咎，弗过遇之；往厉必戒，勿用永贞。

六五：密云不雨，自我西郊。公弋，取彼在穴。

上六：弗遇过之，飞鸟离之，凶；是谓灾眚。

"小过"象征略为过分：小过之时，可致亨通，但应以正为本，故而利于坚守中正之道；可以去干一些小事，但不可去涉足一些大事；飞鸟留下悲鸣之时，不应该向上强飞，而应该向下栖息，如此，大为吉祥。

初六爻详解：

初六。飞鸟以凶。

初六：飞鸟向上强飞将会出现凶险。

象曰：飞鸟以凶，不可如何也。

《象辞》说：飞鸟向上强飞，预兆着凶险，这是无可奈何之事。

初六爻动变得《周易》第五十五卦：雷火丰。

六二爻详解：

六二。过其祖，遇其妣。不及其君，遇其臣，无咎。

六二：超过祖父，遇到祖母；没有赶上国君，遇到了臣僚。无灾殃。

象曰：不及其君，臣不可过也。

《象辞》说："不能擅自越过君位"，因为作为臣子是不能超越至尊的。

六二爻动变得《周易》第三十二卦：雷风恒。

九三爻详解：

九三。弗过防之，从或戕之，凶。

九三：自恃强盛而不愿过分防备，从而将要为人所害，故有凶险。

象曰：从或戕之，凶如何也。

《象辞》说：跟从可能会带来伤害，招来凶祸该怎么办呢？

九三爻动变得《周易》第十六卦：雷地豫。

九四爻详解：

九四。无咎，弗过遇之，往厉必戒，勿用永贞。

九四：没有祸患，不越过而能遇到，前往有危险务必心存戒惕，不可行动，要永远守中正之道。

象曰：弗过遇之，位不当也。往厉必戒，终不可长也。

《象辞》说：不越过而能遇到，因为九四阳爻处于阴位，像人处境不利，容易出错。前去冒险，必须加以警告，因为明知而故犯，只能加速自己的失败。

九四爻动变得《周易》第十五卦：地山谦。

六五爻详解：

六五。密云不雨，自我西郊。公弋，取彼在穴。

六五：西郊的上空云气密布，降雨在即。王公带着箭去射穴中的鸟。

象曰：密云不雨，已上也。

《象辞》说："乌云密布在天空而不下雨"，是因为阴气超过了阳气，阴阳不合，故而不能化雨。

六五爻动变得《周易》第三十一卦：泽山咸。

上六爻详解：

上六。弗遇过之，飞鸟离之，凶。是谓灾眚。

上六：不能遇合阳刚却超越了阳刚，无安栖之所的飞鸟遭受射杀之祸，故而凶险，这就叫作天灾人祸。

象曰：弗遇过之，已亢也。

《象辞》说：没有相遇而越过，正如上六阴爻位象所示，其人太猖狂了。是指其过分已达到极点，再危险不过了。

上六爻动变得《周易》第五十六卦：火山旅。

第六十三卦　既济

既济:（功德圆满之卦，阴阳和谐之象）

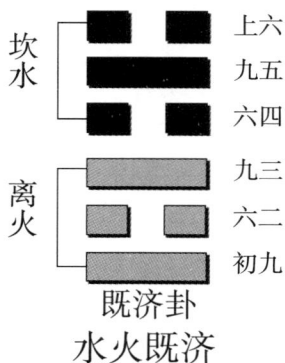

坎
水

上六
九五
六四

离
火

九三
六二
初九

既济卦
水火既济

本卦

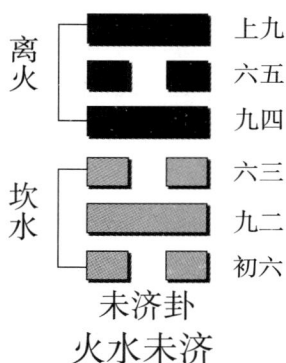

离
火

上九
六五
九四

坎
水

六三
九二
初六

未济卦
火水未济

互卦

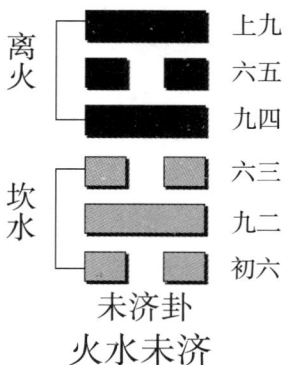

离
火

上九
六五
九四

坎
水

六三
九二
初六

未济卦
火水未济

错卦

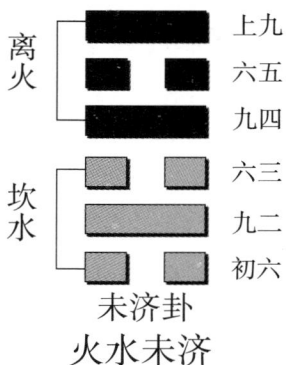

离
火

上九
六五
九四

坎
水

六三
九二
初六

未济卦
火水未济

综卦

卦象 既济：水火既济，盛极将衰；卦象：下离上坎。坎为水，离为火，水在火上，水势压倒火势，救火大功告成，既济卦名的取义就是以"涉水已毕"，喻指"事已成功"。但是水火相生也相克，水能灭火，火亦能干水，思其患而预防，则相为用而不相为害。

象曰：水在火上，既济。君子以思患而预防之。

《象辞》说：水在火上，水浇火熄，是既济之卦的卦象。君子观此卦象，知道在事情成功之时，人们极易懈怠，一懈怠则引生祸患。故而君子在大功告成之际，仍能思其后患并预为防备。

《周易》卦爻辞原文：

既济：亨，小利贞。初吉，终乱。

初九：曳其轮，濡其尾，无咎。

六二：妇丧其茀，勿逐，七日得。

九三：高宗伐鬼方，三年克之，小人勿用。

六四：繻有衣袽，终日戒。

九五：东邻杀牛，不如西邻之禴祭，实受其福。

上六：濡其首，厉。

"既济"象征成功：此时功德圆满，连柔小者都亨通顺利，有利于坚守正道；开始时是吉祥的，但如有不慎，终究必导致混乱。

初九爻详解：

初九。曳其轮，濡其尾，无咎。

初九：拉住车的轮子，不使它快进，小狐狸渡河时沾湿了尾巴，无法快游，没有灾祸。

象曰：曳其轮，义无咎也。

《象辞》说："拉住车的轮子，不使它快进"，说明事情成功之后，必须谨慎从事，小心防备，才没有灾祸。

初九爻动变得《周易》第三十九卦：水山蹇。

六二爻详解：

六二。妇丧其茀，勿逐，七日得。

六二：妇人丢失挂在车门的遮帘，不用寻找，七日内可以不寻而得。

象曰：七日得，以中道也。

《象辞》说：七日内可以不寻而得，因为六二阴爻居阴位，位象既得，所以丢失了的东西可以失而复得。

六二爻动变得《周易》第五卦：水天需。

九三爻详解：

九三。高宗伐鬼方，三年克之，小人勿用。

九三：殷高宗武丁征伐鬼方（不服教化的夷狄，泛指古代西北地区的野蛮民族），经过三年的连续战斗才获得胜利；不可任用急躁冒进的小人。

象曰：三年克之，惫也。

《象辞》说："经过三年的连续战斗才攻克了鬼方国"，说明战争非常激烈又持续了三年之久，已经筋疲力尽了，胜利是来之不易的。

九三爻动变得《周易》第三卦：水雷屯。

六四爻详解：

六四。繻有衣袽，终日戒。

六四：新衣服外面套上旧衣服，整天保持戒备状态。

象曰：终日戒，有所疑也。

《象辞》说：新衣服外面套上旧衣服，说明此时心中有所疑虑。

六四爻动变得《周易》第四十九卦：泽火革。

九五爻详解：

九五。东邻杀牛，不如西郊之禴祭，实受其福。

九五：东邻（殷人）杀牛举行大祭，比不上西邻（周族）简单而朴素的祭祀，可以实在地得到神降赐的福分。

象曰：东邻杀牛，不如西邻之时也。实受其福，吉大来也。

《象辞》说："东边的邻国杀牛宰羊来举行盛大的祭礼"，还不如西边邻国举行虔诚简单的时祭；西邻"实在地得到上天神灵降赐的福分"，说明此是正当其位，吉祥福分将不断降临。

九五爻动变得《周易》第三十六卦：地火明夷。

上六爻详解：

上六。濡其首，厉。

上六：小狐狸渡河时弄湿了头，有危险。

象曰：濡其首厉，何可久也。

《象辞》说：水拍湿其头部，怎能待得长久呢？这是警告在事情成功之后，要更加小心谨慎，不然怎能长久不败！

上六爻动变得《周易》第三十七卦：风火家人。

第六十四卦　未济

未济：（功业未成之卦，阴阳失调之象）

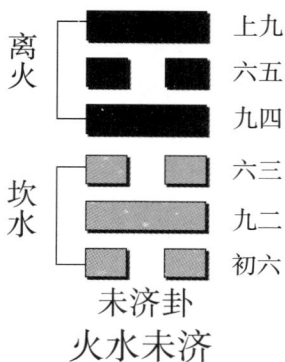

离火
坎水

上九
六五
九四
六三
九二
初六

未济卦
火水未济

本卦

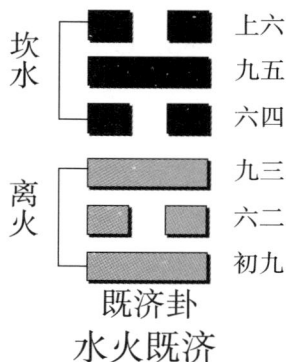

坎水
离火

上六
九五
六四
九三
六二
初九

既济卦
水火既济

互卦

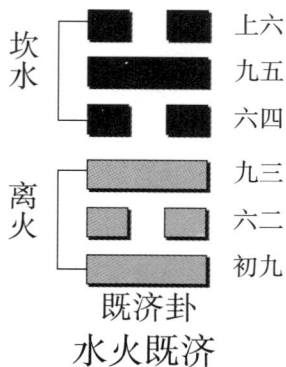

坎水
离火

上六
九五
六四
九三
六二
初九

既济卦
水火既济

错卦

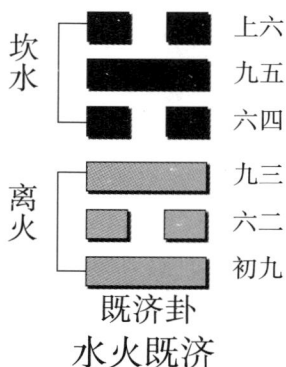

坎水
离火

上六
九五
六四
九三
六二
初九

既济卦
水火既济

综卦

卦象 未济：火水未济，事业未竟；卦象：下坎上离。离为火，坎为水。火上水下，火势压倒水势，救火未能成功，故称未济。然"事未成"也意味着潜藏无限的动能。"物不可穷也，故受之以未济"，事物的变化没有穷尽，没有起于一点的起点，也没有终于一点的终点，每个阶段都会有新的追求。

《周易》以乾坤二卦为天地之法则，以既济、未济二卦为人事之兴衰。天、地、人三才相循，以乾坤为始，以既济、未济而终。《周易》的路线图不是一条线，而是一个圆，是轮回。

象曰：火在水上，未济。君子以慎辨物居方。

《象辞》说：火在水上，未济，目的没有达到也。君子观此卦象，有感于水恒下注，火势向上，水火不交，阴阳不得正位，从而以谨慎的态度辨别事物的性质，看到事物的本质，努力使事物的变化趋向好的方面。

《周易》卦爻辞原文：

未济：亨。小狐汔济，濡其尾，无攸利。

初六：濡其尾，吝。

九二：曳其轮，贞吉。

六三：未济，征凶；利涉大川。

九四：贞吉，悔亡；震用伐鬼方，三年有赏于大国。

六五：贞吉，无悔；君子之光，有孚，吉。

上九：有孚于饮酒，无咎；濡其首，有孚失是。

"未济"象征事未完成：经过努力可以得到亨通；小狐狸渡河快到对岸了，却浸湿了尾巴，无所利。

初六爻详解：

初六。濡其尾，吝。

初六：涉水渡河，沾湿了衣尾，前进有困难。

象曰：濡其尾，亦不知极也。

《象辞》说：涉水渡河，沾湿了衣尾，见微知著，再冒险前进，是不知儆戒。

初六爻动变得《周易》第三十八卦：火泽睽。

九二爻详解：

九二。曳其轮，贞吉。

九二：向后拖拉车轮，使车不快进，坚守正道可以得到吉祥。

象曰：九二贞吉，中以行正也。

《象辞》说：九二爻之所以可获吉祥，是因其持中不移，端正不偏倚，有所节制，这样行事必获吉祥。

九二爻动变得《周易》第三十五卦：火地晋。

六三爻详解：

六三。未济，征凶，利涉大川。

六三：事情未完成，急躁冒进去远行，有凶险；但有利于远渡山川。

象曰：未济征凶，位不当也。

《象辞》说：尚未成功而征进凶险，因为六三阴爻居阳位，像人处境不利。

六三爻动变得《周易》第五十卦：火风鼎。

九四爻详解：

九四。贞吉，悔亡，震用伐鬼方，三年有赏于大国。

九四：坚守正道可获吉祥，悔恨会消失；以雷霆万钧之势征讨鬼方国，经过三年的激烈战斗终于得到了胜利，被封为一个大国的诸侯。

象曰：贞吉悔亡，志行也。

《象辞》说："坚守正道可获吉祥，悔恨会消失"，说明实现了建功立业的志向。

九四爻动变得《周易》第四卦：山水蒙。

六五爻详解：

六五。贞吉，无悔，君子之光，有孚，吉。

六五：坚守正道或获吉祥，没有什么悔恨；这是君子所具有的美德光辉，有诚实守信的德行可以获得吉祥。

象曰：君子之光，其晖吉也。

《象辞》说："君子所具有的美德光辉"，说明此时正在事情即将成功的关键时刻，应该具有诚实守信、光明正大的美德，才能获得成功，光彩焕发，得到吉祥。

六五爻动变得《周易》第六卦：天水讼。

上九爻详解：

上九。有孚于饮酒，无咎。濡其首，有孚失是。

上九：有诚信而饮酒，没有什么灾祸；若被酒浸湿了头部，即使诚信，也损害了君子的正道。

象曰：饮酒濡首，亦不知节也。

《象辞》说："纵情滥饮，被酒浸湿了头部"，这样喝得醉醺醺的，就会误了大事，就有灭顶之灾，这是放纵自己没有节制的结果。

上九爻动变得《周易》第四十卦：雷水解。

图书在版编目（CIP）数据

易经中的蓍草 / 许云超著 .—北京：作家出版社，
2019.7

ISBN 978-7-5212-0570-1

Ⅰ.①易… Ⅱ.①许… Ⅲ.①《周易》—研究 Ⅳ.① B221.5

中国版本图书馆 CIP 数据核字（2019）第 099860 号

易经中的蓍草

作　　者：许云超
责任编辑：秦　悦
装帧设计：刘十佳
责任印制：李卫东
出版发行：作家出版社有限公司
社　　址：北京农展馆南里 10 号　　　邮　　编：100125
电话传真：86-10-65067186（发行中心及邮购部）
　　　　　86-10-65004079（总编室）
E-mail:zuojia @ zuojia.net.cn
http://www.zuojiachubanshe.com
印　　刷：北京明月印务有限责任公司
成品尺寸：147×210
字　　数：242 千
印　　张：9.75
版　　次：2019 年 8 月第 1 版
印　　次：2019 年 8 月第 1 次印刷
ISBN 978-7-5212-0570-1
定　　价：48 元